MASCULINIDADE SAUDÁVEL

UMA NOVA FORMA DE SER
HOMEM

1ª edição

Dedico essa obra a minha filha e meu filho, Maria Lua e Ravi, que nasceram junto com a criação deste livro e vêm transformando, ainda mais, o meu mundo.

Que suas vidas os preencham de doces afetos, belas emoções, sentido, propósito e amor.

Para minha amada Larissa, pela nossa andança, companheirismo e pelas nossas crianças, te sou eternamente grato.

ÍNDICE

1 VULNERABILIDADE
DESPERTANDO PARA A VIDA

PÁGINAS 06 ATÉ 73

3 ESPIRITUALIDADE
CONECTANDO COM O DIVINO

PÁGINAS 150 ATÉ 199

2 SEXUALIDADE
AMADURECDENDO COMO HOMEM

PÁGINAS 74 ATÉ 149

4 AMOROSIDADE
UMA NOVA MASCULINIDADE

PÁGINAS 200 ATÉ 230

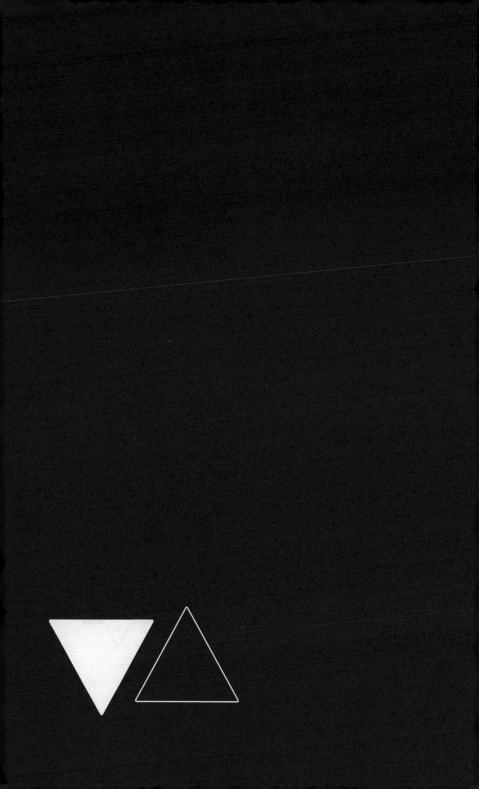

PARTE 1

VULNERABILIDADE
DESPERTANDO PARA A VIDA

Esse ano eu voltei a chorar.

E comecei a me sentir vivo, como não lembro de ter me sentido antes.

Percebi o quão pobre e limitada era minha vida, completamente presa na mente.

E reforço uma frase que uso às vezes, *uma vida sem sentir é uma vida sem sentido.* Outra que também adoro é *sinto, logo existo.* Essa frase me traz muito mais sentido do que a original.

Tenho compartilhado o meu processo de transformação porque, a cada lágrima que eu choro, me sinto novamente humano.

Percebo agora que passei muitos anos como um zumbi, um morto vivo que acreditava que a vida não tinha sentido. Os pensamentos suicidas eram uma constante nos meus dias.

Isso começou cedo, a partir dos meus três anos. Eu nasci prematuro, quase morri no parto, e passei os primeiros anos da vida tendo convulsões frequentes.

Não sou da astrologia, mas muita gente adivinha meu signo - peixes - pelo fato de eu ser extremamente sensível.

Quando eu tinha três anos, me recordo de morar em uma casa térrea em Araçatuba - SP. Nessa época eu tinha duas irmãs, e como toda família padrão, as meninas dormiam em um quarto. E eu, por ser menino, dormia sozinho no outro.

Eu tinha medo do bicho papão e do escuro, e chorava todas as noites na hora de dormir. Até que meu pai achou que era hora de eu *virar homem.* Em uma noite, ele apareceu na porta do meu quarto enquanto eu chorava, segurando um chicote de couro trançado e grosso, que ele usava na fazenda. Eu só conseguia ver sua silhueta na escuridão do quarto. Até que ele ergueu o chicote e falou, com uma expressão com tanto ódio que eu creio que jamais vou esquecer: "engole o choro senão vai ter", "engole o choro senão vai ter".

Essa cena ficou marcada no fundo do meu ser, até porque ela se repetiu em várias outras noites, toda vez que eu chorava. A expressão de ódio dele me assustava mais do que o chicote em si. Isso me lembra um termo forte, mas que para mim faz muito sentido: estupro emocional.

Meu pai acabou com a minha infância.

Minha vida virou um inferno a partir daquele momento. Ali iniciou meu processo de *congelamento emocional*, e eu comecei a perder o brilho dos meus olhos.

Recordo-me de, na minha pré adolescência, estar sentado em um sofá de couro marrom, com minha irmã mais nova ao lado. Assistíamos a um desenho animado e, de repente, uma cena me emocionou: meus olhos lacrimejaram e eu fiquei apavorado. Estiquei minhas costas e enverguei meu corpo para trás, para que minha irmã não suspeitasse que eu estava lacrimejando. Fiz uma força física pressionando todos os músculos do meu corpo para que as lágrimas não caíssem. Tive sucesso. Ou fracasso, dependendo do ponto de vista.

Vendo muitos outros filmes e desenhos isso se repetiu. A lágrima vinha, eu reprimia com todas as minhas forças.

Passados alguns anos, eu não me recordo mais de me emocionar. Perdi avô, avó, amigo, mas nada me fez chorar. Nessa época eu já não lacrimejava, não sentia absolutamente nada. O único sentimento que eu me permitia expressar era a raiva, geralmente com namoradas que passaram pela minha vida em momentos em que a panela de pressão explodia, e eu era tomado por um ódio que me deixava completamente reativo e impotente.

A repressão emocional me trouxe também uma autoestima baixíssima, que era o gatilho para eu viver pensando em me matar. Eu me sentia um lixo, pior que todas as pessoas que faziam parte da minha vida. Mas, apesar disso, estava sempre com um sorriso no rosto, porque homem que é homem não chora, não sofre.

Em 2009, com 30 anos, iniciei minha busca por desenvolvimento espiritual e autoconhecimento. Essa talvez tenha sido, até hoje, a melhor decisão que tomei na vida. Comecei a encontrar dentro de mim os sentimentos que eu buscava usando todas as drogas que eu tomei. Aqui entre nós, eu não sei como não tive uma overdose. Na minha turma de raves, meu apelido era "frito". Isso também simboliza a ausência de um referencial masculino saudável. Além de usar drogas para anestesiar os sentimentos que aprendi que não poderiam existir dentro de mim, eu me sentia muito macho por ser o mais louco dentro da minha turma de baladas. Pelo menos eu me sentia em destaque e percebia que era respeitado pela coragem que eu tinha de usar doses cavalares de drogas. Eu achava legal falar que já tinha tomado oito ecstasys e quatro LSDs — na mesma noite.

Em 2016, depois de sete anos fazendo retiros e cursos de autoconhecimento, tive certeza de que iria morrer. Não me pergunte o porquê, eu não sei responder. Mas a certeza era tão grande que eu simplesmente sabia disso: não era algo que eu questionava. Eu sabia que não passaria dos 40 anos, e estava com 37 nessa época.

Foi aí que aconteceu um dos dias mais importantes da minha vida.

Eu estava no Parque Ibirapuera, em São Paulo, sentado numa canga cheia de flores, com duas amigas bem próximas. Imbuído dessa certeza de que minha morte estava próxima, acessei um lugar de revolta interna. Comecei a sentir muita raiva da minha própria história, porque eu sabia que estava morrendo de um câncer não diagnosticado por nenhum médico, pela certeza de que eu iria somatizar todos esses anos sem ter memória de ter chorado uma vez sequer. E aí, no meio dessa revolta nos meus pensamentos, pensei comigo mesmo: *eu quero morrer mais leve, para reencarnar com um carma mais tranquilo. Vou vomitar toda essa merda que eu estou guardando dentro de mim desde os meus 3 anos de idade.*

Virei para essas duas amigas, extremamente nervoso e olhando para baixo, porque não conseguia encará-las, e coloquei para fora. Comecei a falar para elas das dores e distorções que eu vinha escondendo por trás da imagem que eu passava, do homem espiritualizado, bacana e bem resolvido.

Esse foi um dos momentos mais catárticos da minha história, embora eu não tenha conseguido chorar nessa hora. Mas tirei um caminhão de dentro de mim. Esse processo de me vulnerabilizar, de falar o que estava escondido nas sombras, foi muito potente. Um caminho necessário para acessar meu coração.

Me senti tão mais leve depois dessa conversa que não parei mais.

Comecei a me abrir com todo mundo e falar sobre a vida mentirosa que eu levava. Comecei a falar de absolutamente todos os meus segredos, traumas de infância, passado tóxico, distorções sexuais... Enfim, todos os tabus e dores que me habitavam, eu comecei a colocar para fora.

Hoje eu entendo a certeza inabalável que eu tive de que estava morrendo, porque uma parte minha estava mesmo. E acredite, não é falsa modéstia, eu sigo nesse processo. Não estou "curado". Sigo me curando, no gerúndio.

Tenho vivido processos de mortes e renascimentos desde então.

Comecei a me sentir homem, no sentido de ser um humano adulto, quando comecei a expressar minhas emoções. Até ali, com 37 anos, eu me comportava de forma muito parecida com o Fabio de 20 anos.

Não tenho ideia de que lugar eu estou nesse momento da minha caminhada, não sei o quanto eu ainda posso desenvolver e abrir meu lado emocional e sensível. Mas eu tenho certeza absoluta de que nesse último ano, pelas lágrimas que eu deixei sair, todo esse trabalho que eu comecei a fazer valeu a pena. Já consegui deixar para trás as drogas, os remédios e os pensamentos suicidas.

Larguei tudo isso, e falo minha história sem moralismo para cima de quem está usando drogas/remédios. Eu sei como é. Compartilho apenas para deixar claro que outro caminho é possível.

Mano, procure ajuda.

Isso não vai te fazer menos homem.

Não existe "menos homem". Nem essa coisa de "mulherzinha". Ou de "viadinho".

Não nascemos homems, nos tornamos. Aprendemos com base no que nos ensinaram na infância e ao longo da vida. Somos uma alma que veio de algum lugar para viver essa experiência.

E alma não tem gênero, nem orientação sexual, nem cor ou religião...

Desejo que acordemos do sono profundo tridimensional e recordemos da nossa essência espiritual. Assim podemos abrir nosso lado feminino, integrar nosso lado masculino e nos permitir sentir de novo, acabando com a violência de gênero, que tanto fere a vida nesse planeta.

Mano, peça ajuda.

Eu te vejo, eu estou junto com você nesse caminho.

Δ

EU TENHO MEDO DE SER CRITICADO, DE NÃO ME SENTIR APRECIADO, AMADO, TENHO MEDO DE ME SENTIR ABANDONADO, NÃO RECONHECIDO.

Como é difícil para eu pedir ajuda...

Eu tenho muitos medos e tenho vergonha de falar sobre isso. Escrevo com medo de publicar esse texto. E com medo de não publicar e sentir que o medo ganhou de mim, mais uma vez.

Eu nem sei sobre o que quero falar, só sinto dentro de mim que preciso escrever, não como uma obrigação moral, mas como um processo de liberação. Esse texto é inspirado especialmente no medo que eu sinto de pedir ajuda.

Eu tenho tanto medo, que minha vontade aqui é escrever "EU TENHO MEDO PARA CARALHO", e tenho medo de escrever essas palavras com letras maiúsculas e me acharem agressivo, porque eu tenho medo de ser criticado, de não me sentir apreciado, amado, tenho medo de me sentir abandonado, não reconhecido.

Tenho muito medo da falta de dinheiro, de fracassar no meu trabalho, de não ser bom o suficiente. Morro de medo do meu namoro terminar, da minha namorada se interessar por outro homem e de admitir que eu tenho esses medos todos. Tenho medo de baratas, de avião, de tubarão no mar e de jacaré em qualquer rio que eu entre. Tenho medo de pedir ajuda, não receber e isso ativar em mim o medo de acessar meu medo de não ser amado. Tenho medo de sentir medo.

Tenho aprendido a andar e continuar a fazer as coisas com os medos que eu tenho. Apesar disso, os medos ainda me travam, ainda me bloqueiam, ainda me fazem mentir usando máscaras para passar uma imagem de alguém seguro, que não tem medos. Um falso eu.

E tenho medo de fazer o pedido que me motivou a escrever esse texto, mas decido encarar esse medo e dizer o que vim dizer: eu preciso da sua ajuda. Tenho medo do que você pensa sobre mim, porém preciso de você para saber se este livro fez alguma diferença na sua vida. Preciso saber como ele te impactou.

Escrevo isso com medo das pessoas acharem que as palavras que antecedem esse pedido tem um viés manipulador. Mas tudo bem, não posso controlar o que elas pensam, só tenho controle sobre o que eu faço.

Você me ajuda?

CONSUMIR DROGAS FAZIA COM QUE EU
ME DESPISSE DAS MINHAS INSEGURANÇAS
E ME SENTISSE MACHO A PONTO DE
ABRAÇAR, CHORAR E DIZER O QUE
EU SENTIA DE VERDADE.

A vida acontece e existe por trás de todas as máscaras que você usa. Essas máscaras escondem as vulnerabilidades que você tem, mas insiste em fingir que não.

Deixa eu te perguntar: você insiste em negá-las porque aprendeu que vulnerabilidade é sinônimo de fraqueza? Pense um pouco. Saber se colocar vulnerável é a medida mais precisa de coragem, já disse a pesquisadora Brené Brown.

Só que, se não olhamos para isso, seguimos vivendo nesse baile de máscaras: todos sorrindo o tempo inteiro, vivendo no auto-engano, fingindo que está tudo sempre bem, no entanto, escondendo dores cortantes em silêncio.

Li esses dias um texto lindo da Brené, que compartilho aqui: *assumir a nossa história pode ser difícil, mas não tão difícil como passarmos nossas vidas fugindo dela. Abraçar nossas vulnerabilidades é arriscado, mas não tão perigoso quanto desistir do amor e da pertença e da alegria - as experiências que nos tornam mais vulneráveis. Só quando formos corajosos o suficiente para explorar a escuridão vamos descobrir o poder infinito da nossa luz.*

Eu te digo com certeza que o caminho da plenitude exige que você tire suas máscaras e comece a descobrir tudo que existe por trás, pois elas escondem quem você realmente é.

A escolha é simples: você prefere viver na ilusão, na mentira, ou se jogar e conhecer a realidade, buscar a sua verdade?

Na minha fase mais *trash* no mundo das drogas, quando usava de tudo, eu adorava ser o mais louco. Meu apelido era "frito". Usar bastante me trazia a sensação de ser o mais corajoso e, por trás disso, o mais macho.

Recordo que, quando eu usava ecstasy, era o momento

em que eu podia *ser eu de verdade*: expressava afeto, falava "eu te amo" pros meus amigos. Só que, quando passava o efeito, eu sentia vergonha.

É impossível se sentir homem por inteiro quando se está preso na ideia de que homem não chora e não sente medo. Por isso, quando eu não estava sob efeito de drogas, tentava constantemente provar minha masculinidade. Fazia isso não chorando, não dizendo o que eu sentia de verdade. O tempo todo.

Só que todos os homens são humanos, e todo ser humano é dotado de sentimentos e emoções. Não existe uma só pessoa que não lide com medos, tristezas, vergonha, insegurança, etc.

Em algum lugar, acreditamos que sentir e expressar emoções coloca em xeque nossa masculinidade. Por isso a tal fraternidade entre homens é quase sempre uma fachada. Fachada no sentido de ser uma amizade superficial, baseada em assuntos como futebol, mulheres e dinheiro. Já as mulheres tendem a falar mais para as amigas sobre o que sentem.

Raramente existe conexão emocional entre os caras, isso porque temos (muita) dificuldade para expressar os nossos sentimentos. E tem como existir amizade verdadeira sem conexão emocional?

Uma pergunta para os manos: quando foi a última vez que você chorou?

E agora uma pergunta para as manas: você realmente sente atração por homens sensíveis? A pergunta é sincera, porque recebo muitas mensagens de homens que dizem que, quando se abrem emocionalmente, são desacreditados pelas parceiras. Foda, né?

Isso me trouxe uma reflexão de que, embora eu ouça

de amigas que elas desejam um homem aberto emocionalmente, a maioria delas tem dificuldades de se envolver com homens assim. Falo isso porque creio que poucas mulheres já tiveram essa experiência, exatamente porque existem poucos homens que se abrem assim.

Consumir drogas fazia com que eu me despisse das minhas inseguranças e me sentisse macho a ponto de abraçar, chorar e dizer o que eu sentia de verdade. Só que era uma sensação passageira, e que deixava um rastro de vergonha em mim.

Hoje busco ter a confiança de me mostrar como sou, sem usar nada. Sigo lúcido e buscando encontrar aquela sensação de segurança que as drogas me ofereciam, mas agora com a cara limpa.

TRINTA ANOS CONVIVENDO COM
PENSAMENTOS SUICIDAS, QUASE SEMPRE
ESCONDIDOS POR TRÁS DE UM FALSO
SORRISO, UMA IMAGEM DE ALEGRIA
CONSTRUÍDA PARA ATENDER
EXPECTATIVAS E AGRADAR
AOS OUTROS.

Hoje eu tive mais uma catarse de choro. Não vou abrir as razões específicas, já que envolvem outras pessoas, mas compartilho o processo.

Vinha percebendo muita tristeza dentro de mim e dificuldade de compartilhar esse sentimento com as pessoas próximas. Sempre que abro meus processos, fico com a sensação de estar sendo um peso para quem me ouve.

Ao mesmo tempo, eu estava irritado, porque sabia que precisava chorar, colocar aquilo para fora. Ainda assim, minha mente fez o que pode para me manter longe da tristeza. Por isso que dizem que nossa mente nos engana.

Um dia resolvi me abrir com uma amiga. Começamos a bater papo, eu estava me expressando, quase chorando. Foi quando acionei um gatilho interno, que parece físico mesmo, que não deixava as lágrimas saírem. Eu travei.

Depois dessa conversa, percebi outra tristeza que vinha me acompanhando e envolve minha relação com dois caras muito especiais para mim. Chamei eles por mensagem e me abri na conversa. Falei tudo que vinha passando, chorei escrevendo a mensagem. Fiquei feliz com o choro, mesmo sendo de tristeza, porque foi um choro de cura.

É um desafio para mim conseguir chorar de forma "natural". Foram mais de 30 anos da minha vida em que não lembro de ter chorado mais de cinco vezes. Nem na morte dos meus avós, há uns 10 anos, época em que eu estava tão congelado e anestesiado, que nem percebia a tristeza em mim. Às vezes sinto culpa por isso, mas sei que estava fazendo o meu melhor na época.

Ontem fiz uma palestra no TEDX. Falei sobre suicídio, contei minha história. Trinta anos convivendo com pensamentos suicidas, quase sempre escondidos por trás de um falso sorriso, uma imagem de alegria construída para atender expectativas e agradar aos outros.

Foi por isso que, uma vez, falei para uma ex namorada: *minha vida é uma mentira.* Eu vivia em um baile de máscaras. Ainda vivo, no entanto, sinto que bem menos. Falo das máscaras sociais que usamos para esconder nossas vulnerabilidades. Por que a gente faz isso?

Enquanto você lê essa mensagem e eu escrevo esse texto, sinto muito, de verdade, de te contar que mais um homem cometeu suicídio, antes de você chegar até aqui. Essa é uma triste realidade.

Minha intenção com essas partilhas não é vitimizar a minha vida. Minha intenção é fazer com que homens, especialmente os héteros, que geralmente são mais fechados, entendam que o machismo também nos faz muito mal.

Como você se sente em relação a sua vida até aqui? Tem vontade de viver?

O que te faz sentir vivo?

△

Estou aqui me lembrando dos meus tempos de comportamento abusivo. Eu era sempre um namorado carinhoso e amoroso. De repente, saía da linha. Nessas horas, até eu tinha medo de mim.

Meu comportamento abusivo se mostrava em falas extremamente frias e agressivas. Eu perdia completamente o controle com as palavras e o tom de voz. Gritava e xingava muito.

Como tudo que vai, de certa forma volta, eu "paguei essa conta" em um relacionamento passado. Cheguei a ser agredido fisicamente.

É muito mais comum o homem ser o agressor na relação, embora o contrário também aconteça. E em relações homoafetivas os abusos também acontecem.

Tenho certeza que a raiz dessa violência está relacionada ao fato de reprimirmos emoções. Não chorar, não demonstrar medo ou angústia... O único sentimento considerado másculo é a raiva, que parece ser "autorizada" aos homens.

Nesse texto, minha intenção é trazer consciência sobre o paradigma educacional que leva homens a terem esses comportamentos abusivos.

Aos amigos que me leem, fica o convite para perceber que o machismo também nos fere. Não somos culpados pela forma como fomos criados, mas a responsabilidade por mudarmos é individual, é minha e sua.

O mundo precisa de pessoas mais amorosas, e isso passa por revermos o que aprendemos sobre o que significa ser homem.

Já passou da hora de deixarmos as velhas crenças para trás. Tornar-se homem é sobre amadurecermos emocionalmente, e não sobre dominar as mulheres.

NÃO PERDI A VIRGINDADE PORQUE EU QUIS, MAS SIM PELA PRESSÃO QUE EU SOFRIA DE AMIGOS, COM A QUAL EU NÃO SOUBE LIDAR.

Eu transei pela primeira vez com 18 anos, com uma prostituta, pela pressão que eu sofria de amigos e com a qual eu não sabia lidar.

Eu nasci em um mundo em que se fala que existem dois tipos de mulher: *a puta e a santa*. A "para casar" e a "para levar para cama". Eu cresci ouvindo isso, de todos os lados, de homens e mulheres.

Nasci nesse mundo que fala que o homem tem que ser sempre durão, provedor, garanhão, não pode falhar, brochar e nem negar sexo, já que isso não é coisa de homem. Na escola, eu não tive sequer uma aula sobre sexualidade. Minha mãe sempre me falou para respeitar as mulheres, mas já do meu pai e das figuras masculinas da família não ouvi nada nesse sentido, nenhuma palavra sobre ser respeitoso, sobre tratar bem elas, ouvi-las ou respeitar seus limites. Meus primeiros ensinamentos, ou melhor, minhas primeiras distorções, vieram com a pornografia, impondo à mulher o lugar do objeto sexual a ser possuído e humilhado.

Eu transei pela primeira vez com 18 anos, com uma prostituta. Não perdi a virgindade porque eu quis, mas sim pela pressão que eu sofria de amigos, com a qual eu não soube lidar. Eu não me sentia homem o suficiente sem ter feito sexo, precisava "comer alguém". Lembro muito bem de ouvir isso... "comer, você precisa comer alguém, mano!".

Eu tenho certeza que sou a pessoa mais fechada que conheci na vida. Tenho inseguranças colossais com minha sexualidade, com meu poder pessoal, sempre me achando incapaz de realizar qualquer coisa, me sentindo pior que os outros e olhando para todo mundo de baixo para cima.

Assim eu passei meus primeiros 38 anos de vida completamente na baixa autoestima, no vazio interno, me sentindo um inútil, sofrendo as dores e a culpa de uma sexualidade distorcida.

Em 2016 eu recebi um chamado para trabalhar pela desconstrução dessa sociedade machista, dessa doença que nos assola, que adoece homens e mulheres. Esse machismo que está em mim, está em você, em todos nós. Para isso, tive que lidar com um dos maiores medos que eu tinha, o de falar em público. Tive que encarar de frente essa sensação de incapacidade, de não servir para nada, de não ser bom o suficiente.

Resolvi trabalhar pelo sonho que tenho de viver numa sociedade que não seja sexista, que não estabeleça lugares inferiores para as mulheres só porque elas são mulheres. Uma sociedade em que não seja cobrada dos homens uma postura de indiferença, em que os meninos não sejam ensinados a serem provedores insensíveis. Quero viver em um mundo onde não exista pornografia que humilhe as mulheres e desoriente os homens. Um lugar em que as mulheres sejam respeitadas, onde os homens não precisem mais vestir uma armadura e esconder seus sentimentos, em que as pessoas sejam livres para viver a própria sexualidade e que possam ser aquilo que desejam.

E você, o que você quer?

Δ

O "sexo britadeira" e a pressa para chegar logo ao momento final, é tipo um desespero (inconsciente) para conseguir sentir um momento especial.

Nós, homens, gostamos mesmo de sexo? Ou seria somente do orgasmo? Ou, na verdade, da ejaculação? Será que conseguimos curtir de verdade o que acontece antes do gozo?

E para curtir o que acontece antes, não temos que estar com nosso campo emocional aberto, para podermos de fato *sentir*? Porque o clímax de uma relação sexual, mesmo quando a pessoa está muito desconectada das emoções, não tem como não sentir, acredito eu. Então, de uma forma ou de outra, nos entregamos emocionalmente durante o sexo. E quanto maior a entrega, maior o prazer.

Eu não tenho nada contra sexo "estilo britadeira". Ouço mulheres e algumas gostam, outras não, porém todas dizem sentir falta da conexão com o parceiro durante o sexo. E para que a conexão aconteça, é condição *sine qua non*, indispensável, que estejamos presentes. Não tem como você se conectar com alguém que está com a cabeça em outro lugar. Conexão não é algo a ser pensado, programado, mas sentido.

Quando reflito sobre tudo isso, tenho a impressão que a pressa para chegar logo ao momento final é um tipo de desespero para conseguir sentir esse "momento especial" da ejaculação.

Mas, se transar é tão bom, tão desejado, que tal sentir e aproveitar toda a relação sexual, do início ao fim, sem pressão?

Conseguimos curtir um olho no olho, um toque suave na pele? Você consegue despertar sua energia sexual dessa forma?

Te faço um convite: da próxima vez que estiver na cama (ou no sofá, na festa, onde for) com alguém, tente ser *mais sutil.* Espere. Vá devagar. Dê tempo para que seu corpo sinta e que você perceba o que está sentindo.

Quando eu penso sobre transar com alguém, sobre estar olho no olho, eu sinto medo. Medo de não sentir nada, de não ter excitação e brochar, medo de perceber que talvez eu ainda esteja preso no sexo mental. E tudo bem. É olhando pro meu medo que deixo ele se expressar, me ensinar algo e partir.

Sabendo do medo que tenho, decido seguir em frente, e tentar mesmo assim. O processo de me desconstruir e reconstruir é constante e duradouro.

E para você, o que te conecta numa relação sexual? O que te dá tesão? Te convido: feche os olhos e *sinta* o que seu corpo te diz.

EU TINHA MEDO DE MIM E ME SENTIA
IMPOTENTE QUANDO EU ERA TOMADO
PELA RAIVA.

Cresci com 3 irmãs, e cuidado por uma mãe que foi solo por tantos anos. No entanto, invariavelmente eu explodia com mulheres, geralmente com namoradas, e sempre era do nada.

Não que exista alguma justificativa para uma agressão. Não existe. Porém, na época eu inventava argumentos para fazer a mulher se sentir culpada, e eu era muito bom nisso. Eu era um manipulador.

Um dia estava lendo um livro e me deparei com uma frase assim: "se você quer saber como está seu desenvolvimento espiritual, dê uma olhada nas suas fantasias sexuais".

Ali uma chave virou, e eu tive que reconhecer: *Fabio, tem um lado seu que odeia as mulheres.*

Quando aceitei essa verdade, essa sombra, decidi ir atrás de ajuda.

Uma coisa que me marcava era o medo que eu tinha de ir além, de um dia perder o controle e descambar para a violência física. Eu tinha medo de mim e me sentia impotente quando eu era tomado pela raiva.

Na hora da explosão eu me sentia o fortão que pode tudo, e, logo depois, um fracote que não sabe se controlar.

Já faz alguns anos que as explosões ficaram para trás. Eu sigo fazendo terapia porque percebo que ainda tenho muito o que trabalhar nesse campo. Não explodo como antes, porém não me sinto livre do impulso.

Ter conhecimento da raiva que sinto me dá ferramentas para lidar com o impulso. Raiva é um sentimento humano, pode até ser um impulsionador para coisas boas, para sairmos de situações que não são boas para nós. O problema está justamente no que fazemos a partir da raiva, como gerimos ela.

E você, como tem lidado com a sua raiva?

SEXO ERA UM PESO PARA MIM: O PESO DA MENTIRA, DA FALTA DE PRESENÇA E DA EJACULAÇÃO PRECOCE.

Há um ano e meio eu vomitei pela primeira vez as dores do machismo incrustado na minha sexualidade. Estava com duas amigas, sentado no Parque do Ibirapuera, esperando para fazer um trabalho de respiração na Virada Sustentável.

Eu sentia dentro de mim que, se eu não começasse a me abrir e falar das minhas dores, eu iria desencarnar cedo, porque iria somatizar no meu corpo físico os 38 anos de sorrisos falsos, emoções e sentimentos guardados a sete chaves Eu tentava sempre mostrar só meu "lado bom", com medo de ser rejeitado e abandonado caso eu me revelasse por completo.

Falei com elas sobre minhas fantasias sexuais mais nebulosas. Confessei que olhava para todas as mulheres como objetos sexuais, que categorizava todas entre as "santas" e as "outras". Falei que eu tava preso no que chamo de "sexo mental", porque eu não namorava as mulheres que me atraíam, mas as que eu entendia que seriam bem aceitas pelas pessoas próximas a mim.

Minha libido só se mantinha viva enquanto eu tava no processo de conquista. Depois que eu sentia que tinha conquistado, ou que eu tinha "ganhado mais um troféu", minha libido caía, e, para manter a relação sexual ativa, eu ia transar pensando em pornografia ou em outras mulheres. O sexo era um peso para mim: o peso da mentira, da falta de presença e da ejaculação precoce.

Falei disso tudo com muito medo, porque eu tava revelando, para duas mulheres, que eu as enxergava como putas ou santas. Para minha surpresa, foi um processo libertador do qual serei sempre grato por essas mulheres terem me ouvido e acolhido. Foi então que decidi iniciar um processo de cura sexual, que segue em andamento.

Nesse dia eu falei para elas das coisas que eu escondia dentro de mim e, alguns meses depois, comecei a frequentar vivências espirituais, abertas quase sempre para homens e mulheres. Essas vivências têm como enfoque principal a cura de traumas de infância e da nossa sexualidade. Já fiz muitos trabalhos só com homens e outros só com mulheres. Amo e respeito todos os grupos, mas a força de um grupo misto, com o mesmo propósito de cura, que passa pela verdade, pelo desnudar das máscaras, pela abertura das comportas da nossa inconsciência, é qualquer coisa de sobrenatural.

Hoje eu entendo porque não morri na minha época de raves, quando eu me entupia de drogas. Hoje eu entendo porque não me matei na minha adolescência. Hoje eu honro tudo que vivi com meu pai na minha infância, que me despertou para o meu propósito. Hoje eu falo de tudo isso praticamente sem dores.

Quando os medos aparecem, eu lembro que a verdade é libertadora.

Enquanto escolhemos nos manter presos em ilusões, fingindo que está tudo bem. Não vai ficar tudo bem. Ou reconhecemos nossas dores, nossos abismos obscuros, as questões relacionadas à infância, nossa carência afetiva, o medo da solidão, a raiva, angústias, vontade de morrer, baixa autoestima; ou ficaremos eternamente presos dentro desse círculo vicioso, sofrendo em silêncio.

Quando Jesus falou "A verdade vos libertará", ele estava falando de nós mesmos. Nós *somos* a felicidade, o amor, a realidade, o conhecimento, *nós somos* essa verdade falada por Jesus, que é intransitória e imutável.

Precisamos acender a luz do quarto escuro que nos habita, porque quando a luz atinge a sombra, a verdade se revela.

Que Deus desperte em mim, em você, em todos, desatando todos os nós que nos fazem viver uma vida infeliz.

Nosso propósito final é viver como a expressão do amor incondicional, que é a verdade, que é o que *somos* em essência.

EU JÁ SENTI ATRAÇÃO POR UM HOMEM.

Sim, eu já senti atração por um homem. Atração física mesmo. Estou heterossexual neste momento, mas uma vez na vida, há uns 15 anos, senti atração por um homem. E me masturbei. Por que eu falo isso? Porque anteontem, em mais um trabalho de desconstrução do machismo, esse tema veio à tona, e de novo, metade dos homens presentes, todos heterossexuais, relataram que já sentiram atração por homens em algum momento da vida.

Eu estou aqui, entre outras coisas, para quebrar os tabus que deixam nossa vida doente. Carreguei esse peso de ter sentido atração por um homem por 15 anos, em silêncio, pois obviamente existia preconceito dentro de mim mesmo contra os homens homossexuais. Mas, sobretudo, eu tinha medo do que meus pais e amigos iam pensar.

Sei que tem muito homem me lendo aqui que também está heterossexual e já sentiu atração por outro homem. E não precisa admitir isso em público, não precisa se expor. Eu sei que só o fato de eu estar abrindo isso aqui vai trazer leveza para outros homens, para que comecem a entender que isso é comum. E você *não é errado* por já ter sentido isso.

Lembre-se que o machismo é uma doença: nascemos num mundo que faz o homem guardar tudo dentro de si, e viramos bombas relógio. Trago essa consciência porque cresci engolindo lágrimas e sentimentos, ressentimentos e mágoas, dizendo que sentimento não é "coisa de homem". E está na hora de desconstruir essa lógica, para que possamos viver numa sociedade harmônica, deixando um mundo melhor para as próximas gerações.

Estou cansado de ouvir relatos de mulheres que foram violentadas. No último trabalho que fiz, acho que metade ou mais das mulheres relataram histórico de abuso sexual na infância ou na vida adulta, daquelas histórias que a gente prefere achar que só acontecem na ficção. Tendo a acreditar que a outra parte das mulheres, ou ainda não reconheceu as histórias de abuso que viveu, ou sente vergonha delas. É triste essa constatação, só que real.

O caminho para uma sociedade harmônica não tem uma resposta única, mas com certeza envolve o comprometimento dos homens, o reconhecimento do nosso lugar de privilégio e que queiramos abrir mão desse lugar.

Você está pronto para isso?

Δ

Quando me falam sobre a ousadia que eu tive por ter feito a transição profissional que fiz, eu reconheço que tive coragem. Lembro que ela veio exatamente do medo que eu carregava de ter uma vida infeliz.

Eu tinha medo de virar uma daquelas histórias da pessoa com 80 anos que começa a se questionar, olhar para trás e perceber o tempo perdido. Aquela pessoa que se dá conta, no fim da vida, que o sucesso que nos ensinaram não tem relação com felicidade. E que não adianta ser um bem sucedido infeliz.

Nessa transição profissional eu passei muitos perrengues, especialmente financeiros. Porém, nenhum dia da minha nova vida foi mais difícil do que quando eu tinha um emprego legal, com salário legal, mas seguia atormentado por uma vontade insistente de sair fora daquilo.

A vida está passando rápido. Você sabia que querer culpar alguém pelas nossas decisões, lá na frente, não vai adiantar nada? Sei que fazer aquilo que se ama é um enorme privilégio. Então lute por condições dignas dentro daquilo que você faz e, fora do seu ambiente de trabalho, busque prazer na sua vida.

Por fim, quero te contar um segredo: eu decidi de fato fazer a transição quando percebi que o medo que eu tinha de fazê-la, especialmente o medo de não ter grana, não ia embora de mim. Lembro que eu pensava às vezes "vou só esperar o medo diminuir um pouco, e daí eu me jogo".

Mas o medo só passou quando eu me joguei. Foi quando eu pulei que a rede me acolheu e, embora tenha passado dificuldades, hoje me sinto cada dia mais feliz.

TENHO CERTEZA QUE DENTRO DE TODOS OS CÍRCULOS DE AMIZADES EXISTEM HOMENS QUE FORAM ABUSADOS NA INFÂNCIA, MAS QUE NUNCA CONTARAM PARA NINGUÉM.

Sobre o universo dos homens, depois de tantos trabalhos feitos e tantas histórias contadas e ouvidas, eu digo que, enquanto não deixarmos nossos filhos homens brincarem de boneca, usarem maquiagem, expressarem sentimentos, viveremos numa sociedade doente.

Eu aprendi que homem que é homem não chora e aprendi que tem dois tipos de mulher, a puta e a santa. Isso ferrou minha vida por muitos anos. No entanto, se existe uma mulher para transar e outra para casar, fica a mensagem de que não podemos viver as duas coisas com a mesma mulher, não é?

E se os homens não sentem medo, não ficam inseguros, não ficam carentes, também não sentem compaixão, empatia, gratidão e amor. E tudo isso começa lá na infância, nos condicionamentos, nas frases ditas: seja homem, engole esse choro, tem que ser pegador, mulher com saia curta não é para você namorar, essa só serve para levar para cama, tem que pegar geral, mulher gosta de dinheiro, e tantas outras frases que escutamos desde quando somos bebês.

Pisciano, sensível como sou, fiquei dos 4 aos 37 anos tendo chorado 3 ou 4 vezes só. Lembro que as lágrimas surgiam nos meus olhos, e eu fazia qualquer coisa para não deixá-las caírem, e sempre conseguia.

Até que chegou uma hora em que as lágrimas não surgiam mais. Fiquei *congelado* por dentro, e ainda me sinto assim. Tenho uma relativa facilidade, atualmente, para falar dos meus sentimentos. Apesar disso, não consigo acessá-los. Eu sei que tenho dores profundas, porém não sinto nada...

Qual é a graça de viver uma vida em que não podemos sentir nada? Eu me pergunto até quando vamos continuar a alimentar essa ilusão.

Uma outra coisa que tenho ouvido muito nas minhas viagens são histórias de homens que foram abusados sexualmente na infância. Muitas mesmo. Tenho certeza que dentro de todos os círculos de amizades existem homens que foram abusados na infância, mas que nunca contaram para ninguém. Afinal de contas, como dizem por aí, homem que é macho mesmo nunca passou por isso. E se passou, já sabia o que estava fazendo, então mereceu. É o mesmo tipo de pensamento que culpa as mulheres vítimas de estupro. Os dados sobre abuso sexual infantil são estarrecedores. Ainda assim, vale destacar que são muito subnotificados. A violência sexual infantil é cercada de tabus, ameaças, chantagens emocionais, insegurança e medo. Educação sexual nas escolas é fundamental. Alguns dirão: "Ah! Esse é dever dos pais". Poderia ser, se a realidade não fosse essa*:

- 85 a 90% dos agressores são pessoas conhecidas;
- Em 30% dos casos o próprio pai é o abusador;
- 1 em cada 4 meninas sofreu ou sofrerá algum tipo de abuso até os 18 anos de idade;
- 92% dos casos notificados pelas crianças são verdadeiros.

São tantos absurdos que anulam a natureza pura da infância, que desprezam a essência das crianças, sua inocência, seus direitos, e as ignoram enquanto sujeitos. Enquanto as crianças não forem respeitadas em sua integridade, continuarem a ser anuladas, violadas, tiverem seus sentimentos negados, sua voz silenciada, sua subjetividade reduzida a algo sem valor, sem expressão, não transformaremos a sociedade.

Como a maioria das crianças são abusadas dentro de casa, a escola se torna um ambiente de proteção. Muitas crianças, inclusive, percebem que sofreram abuso quando têm acesso a uma aula de educação sexual, oferecida nas escolas.

Criança é gente, criança é um ser sagrado. Elas precisam ser respeitadas!

Denuncie o abuso sexual infantil: disque 100!

*Fonte: *Cartilha sobre abuso sexual contra crianças e adolescentes do Ministério da Mulher, da Família e dos Direitos Humanos (2020).*

TODA MULHER MERECE RESPEITO.

Uma das coisas mais bonitas que tem acontecido nos meus trabalhos é perceber a transformação que é para uma mulher ver o que está por trás da armadura que nós, homens, usamos.

Ao mesmo tempo, vejo o quanto é importante para os homens perceberem as dores femininas, que, muitas vezes, também ficam escondidas atrás de máscaras.

Falo por mim, inclusive, que ando trabalhando bastante minhas distorções sexuais. Sempre que vejo a dor de uma mulher que foi assediada, busco dar um passo no sentido de perceber que as mulheres são sagradas, não no sentido de colocá-las em lugar imaculado, mas de internalizar e passar adiante a mensagem de que nunca devemos agredir uma mulher. Toda mulher merece respeito. É o mínimo. Elas são sagradas em sua complexidade, sabedoria, nos ciclos do corpo, no poder da geração da vida, na potência de sua existência e resistência. Olho para isso e me arrependo dos abusos que eu mesmo já cometi - como nas vezes que insisti para ter sexo, por exemplo.

Isso me lembra uma história: em 2017, tive um relacionamento breve com uma amiga. Na nossa primeira noite juntos, quando estávamos nos beijando e a coisa foi ficando quente, ela me disse que não queria transar. Eu disse que tudo bem, e foi um tudo bem de verdade, sem joguinhos e sem fechar a cara. Na hora me ocorreu que aquela teria sido a primeira vez que respeitei um *não*, sem colocar o meu desejo em primeiro plano e ficar insistindo para conseguir transar naquele momento.

Ainda percebo e sinto distorções na minha sexualidade. Acho importante dizer que não estou "curado". Estou em um processo de desconstrução constante de todo o machismo que está em mim. Meu objetivo aqui é desnudar minha alma, minhas verdades brutas e trazer consciência para aquilo que preciso mudar em mim, ao mesmo tempo que entendo ser um problema comum entre os homens.

Repito, eu sinto que estamos todos vivendo num *baile de máscaras*, porque acreditamos em algum momento que tínhamos que ser de alguma forma. Esse é dos grandes males da sociedade patriarcal: existe um molde para "ser homem" e outro para "ser mulher". Nesse molde, o homem, para ser homem, precisa ser viril. A mulher, se quiser ser respeitada, precisa ser bela, recatada e do lar.

Nós não nascemos com essas distorções doentias, ficamos assim ao longo da nossa vida, com a nossa criação, socialização e educação. Meu trabalho traz a proposta de nos livrarmos desses moldes, todos juntos: homens, mulheres, trans, não-binários, negros, brancos, indígenas, judeus, ateus, ricos e pobres.

Para todos aqueles que estão cansados de viver presos nos moldes da sociedade machista, os convido a se perguntarem: já não chegou a hora de mudar?

EU NÃO SOU DEUS, DEUS É QUEM ME É.

Passei muitos anos tentando entender o que é o amor. Dentro do silêncio que me acompanhava, devido à sensação de me achar errado, me perguntei muitas vezes: se o amor existe mesmo, como faço para senti-lo?

Eu sabia que amava, porém não me contentava em saber, e não entendia o porquê dessa insatisfação.

Em algum momento percebi que o amor não é algo para ser decifrado: ele pode ser simplesmente sentido. E para isso precisamos ter acesso a esse sentir. Permitir que ele aconteça.

Ouvi uma vez uma frase de um mestre indiano que dizia que o maior caminho que nós humanos temos que percorrer tem o tamanho de dois palmos: o caminho de sair da mente e chegar até o coração.

Nossa sociedade é pautada no medo, por diversas razões, e talvez um dos principais seja o medo de um Deus que não existe, aquele que castiga. Nós somos uma fagulha da Inteligência Amorosa Universal Eterna. Se temos medo disso, temos medo, no fundo, é de nós mesmos. A imagem que criamos de Deus é um espelho de quem somos.

Dizem que Deus criou a humanidade à sua semelhança, mas, na verdade, foi a humanidade que criou Deus à sua semelhança.

Eu não sou Deus, Deus é quem me é.

Somos o todo, o tudo e o nada ao mesmo tempo. Sempre no maior presente que existe: o momento presente.

Tenho sentido meu coração mais aberto a cada dia da minha vida. Hoje celebro o amor reverenciando a deusa que me escolheu para vivermos juntos, como 2 laranjas inteiras, com ajustes a serem feitos, certamente. Somos pessoas inteiras que se encontraram e hoje vivem suas vidas individuais e uma vida em conjunto. Crescemos juntos, nos apoiamos, damos risada, falamos sobre sentimentos, angústias, alegrias e prazeres.

Se antes eu sabia que amava, agora eu sinto que amo. É nosso direito divino experienciar esse sentimento, a maior cura de todas.

ME SENTIA UM COVARDE E SIMPLESMENTE
ESFRIAVA A RELAÇÃO ATÉ A MULHER NÃO
SUPORTAR MAIS E TERMINAR COMIGO.

Será que mulheres também "desaparecem" ou esfriam a relação na hora que querem terminar, por não terem coragem de colocar um fim? Esse comportamento me perseguiu lá pelos meus 20 anos. Hoje em dia tem nome, se chama *ghosting*. Um termo em inglês que remete à palavra *fantasma*. É quando a pessoa some de repente, sem dar um fim adequado à relação. Eu fiz *ghosting*, mesmo sem saber o que fazia. De repente eu perdia o interesse na outra pessoa, e não sabia o que fazer. Me sentia um covarde e simplesmente esfriava a relação até a mulher não suportar mais e terminar comigo. Hoje percebo que isso é uma tremenda forma de abuso emocional.

Em algum lugar, na minha mente, eu me convencia de que a mulher iria sofrer se eu terminasse, e eu não queria aquilo. Então criava todo um repertório, me tornava tedioso, até que ela rompesse comigo. Dentro de mim eu sabia que existia algo mais profundo nisso tudo, talvez uma dificuldade de expressar meus sentimentos, de ser franco, honesto, de jogar limpo... A verdade é que eu era imaturo emocionalmente.

Isso mudou quando, na altura dos meus 30 anos, no auge de uma enorme paixão, a menina me disse que queria *abrir a relação*, e expôs suas razões de uma forma extremamente verdadeira e vulnerável. Recordo-me dela me falando isso quando estava saindo do meu apartamento, na porta do elevador. "Então vamos terminar", eu falei de bate-pronto. Só de imaginar ela beijando e transando com outros caras, já vi que eu não ia aguentar.

Lembro do semblante do rosto dela tremendo: ela sabia que eu estava de quatro nessa relação, e o sofrimento causado pelo impacto da proposta de abrir a relação estava estampado na minha cara. No entanto, a verdade é que eu não tive raiva nem ressentimento dela, pois vi que estava sendo verdadeira comigo, isso ajudou no meu processo de término.

Esse momento foi um marco na minha vida. Fiquei alguns dias trancado em casa, só chorando. Foi a única vez na vida que liguei para minha mãe e pedi: "mãe, por favor, vem me ajudar". Nisso, uma das minhas irmãs ficou sabendo e me convidou para ir visitar ela em Caraíva, na Bahia. Fui na hora. Respirei, meditei, dancei forró, conheci gente legal. E, aos poucos, a dor foi passando.

Eu achei que ficaria anos na pior, mas em uns dois meses aquela ferida tinha cicatrizado. E ainda me trouxe um aprendizado: caiu a ficha de que a verdade pode doer, apesar disso, é sempre o melhor caminho.

PRECISEI ASSUMIR A RESPONSABILIDADE
PELA MINHA IMATURIDADE E COMECEI A ME
TRABALHAR PARA MUDAR MINHA VISÃO
DE MUNDO.

Recentemente, conversando com um amigo, falamos sobre a sensação de estarmos virando homens só agora. "Virar homem", nesse caso, é igual a "se tornar adulto". Eu tenho 40 anos, ele deve ter uns 35.

Me pergunto por que isso acontece. Registro algumas hipóteses aqui. Primeiro, vejo o fato de que homens não têm ritos de passagem. As mulheres menstruam, o que acaba sendo um marco na vida delas. O que os homens têm mais próximo desse ritual é perder a virgindade em uma casa de programa. E achamos que assim "viramos homens".

Lembro quando um amigo de meu pai queria me levar numa casa de prostituição. Eu tinha uns 14 anos e era virgem. Sinceramente, eu nem pensava em me relacionar sexualmente naquela época. Fiquei sorrindo amarelo quando ele falou, tremendo de medo por dentro. Rezei bastante e, por sorte, ele desistiu.

Trago essa história pessoal para refletirmos sobre essa prática e permitirmos que os meninos decidam o momento certo e a pessoa com quem querem perder a virgindade, sem pressão. Sem tornar isso um "rito de passagem" forçado e permeado de tradições ultrapassadas, tóxicas e machistas.

Para a psicanálise, a manutenção de uma vida imatura, com medo de crescer, é chamada de *Síndrome de Peter Pan*, que está estampada na imaturidade emocional da maioria dos homens. E por isso, por essa falta de saber como lidar com as emoções, há tantos suicídios entre homens. Por isso há tanto álcool, tanta droga, pornografia, tanta fuga, por isso, enfim, toda essa violência do machismo.

O analfabetismo emocional causa a violência, e essa "alfabetização" poderia ocorrer em ritos de passagem saudáveis, em que homens maduros conduzem os meninos no caminho. Esses ritos já existem, porém é uma minoria que tem acesso.

Quando eu lembro da minha infância, sinto pena da criança que fui. Só que esse sentimento não muda nada. Para mudar, eu precisei assumir a responsabilidade pela minha imaturidade e comecei a "me trabalhar" para mudar minha visão de mundo, para deixar de responder "não sei" quando me perguntam o que eu estou sentindo. A verdade é que eu não queria saber como me sentia, preferia amortecer minhas emoções, para não ter que lidar com elas. Só que esse ciclo de repressão você já sabe onde termina. Violência com o outro e com nós mesmos.

Hoje, estou sem remédios tarja preta há 5 anos. Larguei todas as drogas, com exceção do tabaco. E larguei sem ter mais vontade de usar, não fico me segurando para não fumar um baseado, dar um tiro de pó ou tomar alguma outra droga. Hoje eu reconheço: usava essas coisas como válvulas de escape, para não termos que lidar com minhas emoções. E fazia isso porque, assim como a maioria dos homens, acreditava que as emoções colocam a virilidade em cheque. Que chorar me fazia menos homem.

Só que, quando eu bebia, ou usava alguma droga sintética, quase sempre fazia a mesma coisa: expressava afeto por outros homens, falava até "eu te amo" para outros caras. Você conhece algum homem que faz isso também?

Depois de ter passado pelo processo de largar os entorpecentes, eu garanto: é tão melhor expressar amor estando de cara limpa! É imensamente mais profundo e verdadeiro. Já experimentou?

É o maior barato...

O TANTO QUE EU CHOREI NOS ÚLTIMOS TEMPOS FOI SUPER DIFÍCIL PARA MIM E, AO MESMO TEMPO, TROUXE UMA SENSAÇÃO DE LEVEZA.

Nesse domingo eu acessei a maior tristeza que existe dentro de mim: a dor de não sentir amor. Já fazia um tempo que eu percebia um desconforto em mim, e de repente eu consegui acessá-lo. Fora da mente, fora dos pensamentos. Eu já sabia que meu coração estava bloqueado, já sabia. Hoje sei que existe muito amor dentro de mim, mas percebo que eu estou cansado de saber das coisas. O que eu quero agora é *senti-las*.

Percebo uma beleza nessa crise de estar me afundando dentro de mim. Ao mesmo tempo, venho botando muita coisa para fora. Ter chorado o tanto que eu chorei nos últimos tempos foi super difícil para mim e, ao mesmo tempo, trouxe uma sensação de leveza. Às vezes estou cozinhando, boto uma música para tocar e, quando vejo, já tô lacrimejando ou sentando no chão, aos prantos. O choro vem sem motivo aparente porque, na verdade, o motivo está lá atrás. Em algum lugar da minha história, nos quase 30 anos que fiquei sem chorar.

Eu, que falo tanto sobre a importância de lidarmos com nossas vulnerabilidades de uma forma mais honesta, percebo que sou um principiante nesse quesito. Foram muitos anos em que passei com um sorriso falso no rosto, buscando *passar uma imagem* de alguém feliz. Só que eu tava borbulhando por dentro, com muitos sentimentos reprimidos - principalmente tristeza, carência, culpa e medo.

O ano de 2019 foi um ano especial, pois me libertei da última anestesia que eu utilizava para conseguir suportar uma vida sem sentido: a maconha. Considerando meu histórico, essa libertação em relação à maconha é especialmente simbólica, porque foram 20 anos fazendo uso contínuo. Desde 2017 eu já vinha num ritmo mais light, mas, ainda assim, tinha altos e baixos. Foi em 2019 que passei

90% do tempo *sem usar ou ter vontade* de usar. E fiz isso por querer sentir tudo o que reprimi na minha vida. Penso que, para sentir, não posso estar anestesiado.

Tenho certeza que o caminho da cura passa, necessariamente, pelo sentir. Porque ao entrar em contato com essas tantas emoções que existem por trás das máscaras, pude iniciar um processo de limpeza, baseado no acolhimento, aceitação, respiração e a consequente liberação. As emoções são como água, como um rio que vem em nossa direção. Se prendemos elas, viram represa e uma hora estouram. Porém, se ao invés de prender, buscarmos aprender com elas, podemos escutar o que cada emoção tem para nos dizer e deixar elas seguirem seu caminho, desaguando no mar.

Não adianta mais fingir que *está tudo bem*, isso não vai resolver os problemas. O primeiro passo para resolvermos alguma questão é sermos honestos e *reconhecer* que ela existe, que está presente. E cada um de nós tem seu tempo, seu jeito de fazer isso.

Compartilhar esse texto não é fácil, percebo alguns medos vindo à tona. Sinto medo da opinião de quem me lê. Tenho, em especial, medo dos homens me acharem fraco e, por isso, não acompanharem meu trabalho. Só que, mesmo sentindo medo, senti dentro de mim a coragem que precisava para escrever tudo isso. Agora me sinto mais leve.

Eu busco *ser o exemplo* daquilo que eu espero das outras pessoas. Desejo viver em uma sociedade na qual possamos ser verdadeiros e abrir nossas questões mais íntimas.

Você compartilha dessa dificuldade de *sentir amor*? Tente parar um instante, fechar os olhos e sentir o que seu coração está falando agora...

AINDA ME PEGO QUERENDO MOSTRAR UM SORRISO FORÇADO, COM RECEIO DA PERCEPÇÃO ALHEIA SOBRE AS MINHAS DORES, COMO SE POR AINDA NÃO SER "ILUMINADO" EU NÃO SEJA CAPAZ DE AUXILIAR NAS TRANSFORMAÇÕES PESSOAIS DE OUTROS HOMENS.

Passei **38** anos com um sorriso forçado no rosto, querendo sempre mostrar que era um homem iluminado, feliz e generoso, especialmente depois que comecei a trabalhar como terapeuta. Existe uma crença de que quem é terapeuta já superou todos os seus problemas e dores. Hmm... Errado!

Essa era uma das máscaras, do falso eu, que costumava usar. Ainda me pego querendo mostrar um sorriso forçado, com receio da percepção alheia sobre as minhas dores, como se por ainda não ser "iluminado" eu não seja capaz de auxiliar nas transformações pessoais de outros homens. Ao mesmo tempo, o que sinto mais forte é que tem muita gente sedenta por se transformar, por ouvir a minha verdade, por conhecer a sua própria verdade. Tem muita gente cansada desse mundo de aparências, de negação de si mesmo, de viver as projeções e expectativas dos outros. E é com essas pessoas sedentas que tenho trabalhado.

Depois de alguns meses com altos e baixos bem íngremes, o sentimento que tem reverberado em mim é o de neutralidade. Mesmo com algumas oscilações, tenho me sentido neutro. E, honestamente, não gosto disso, não combina comigo essa apatia. Sou uma pessoa intensa. A parte boa é que percebo que, mesmo assim, meus processos seguem em andamento, fluindo. Não estou estagnado. O que me incomoda é o fato de que gosto muito de viver intensamente, então sinto um vazio, uma confusão mental, provavelmente causada pela carência afetiva que carrego.

Talvez minhas palavras não façam muito sentido até aqui. Mas o que importa para mim é que elas te façam *sentir* algo. Eu queria ter aprendido a sentir desde cedo.

Penso que meus pais fizeram o melhor que podiam com aquilo que tinham à disposição. E falo o mesmo para mim: faço o melhor com aquilo que tenho. É um lembrete que me ajuda a encarar com leveza a minha história. Se, no meu julgamento, meu pai não deu o amor que eu esperava, acredito que deu amor de outras formas.

Quando penso mais além, lembro que meus avós viveram os resquícios da Primeira Guerra Mundial e a época da Segunda Guerra Mundial. Nesses tempos quase não se falava de amor, a consciência coletiva era focada na sobrevivência. Foi nesse contexto que meus pais foram criados. Consigo ter empatia por isso, entender algumas coisas. Sinto que uma das tarefas mais importantes que temos em nossas vidas é compreendermos a nossa história, que começa na história dos nossos antepassados, até chegar o dia em que me olho no espelho e vejo um sorriso forçado. Para entender a raiz do problema, é preciso contextualizar os fatos, entender as dinâmicas familiares e assumir a responsabilidade por quem nos tornamos enquanto adultos.

Espero um dia, de fato, internalizar tudo isso dentro de mim, pois quero conseguir acolher minha história, minha criança ferida e parar de projetar em outras pessoas o vazio que ainda reside dentro de mim.

Eu me tornei um adulto e, portanto, preciso assumir as responsabilidades de ser quem eu sou, de trabalhar minhas dores e limitações para não ferir os outros com aquilo que é somente meu.

De um sorriso forçado, quero ser capaz de dar um abraço apertado no meu pai e dizer aquilo tudo que estava guardado.

EU NÃO ME SENTIA ABUSIVO, PORQUE ACREDITAVA QUE ABUSO ERA APENAS QUANDO SE DAVA NO SENTIDO FÍSICO E/OU SEXUAL.

Lembro de ter convivido com medo de mim mesmo por muitos anos. Medo das explosões que eu tinha em relacionamentos amorosos, que me faziam ser abusivo verbal e emocionalmente.

Só que eu não me sentia abusivo, porque acreditava que abuso era apenas quando se dava no sentido físico e/ ou sexual. Acreditava estar agindo corretamente e que a culpa era da mulher, já que provavelmente ela tinha falado alguma coisa que não deveria e, com isso, me tinha me tirado do sério. Ela que "tinha me feito" agir daquele jeito grosseiro.

Sério, mal dá para acreditar que eu pensava mesmo assim...

Minhas ex-namoradas se sentiam culpadas pelas *minhas* ações, exatamente porque eu as *convencia* disso, num jogo de manipulação emocional que sempre me favorecia.

Hoje eu entendo por que mulheres levam tanto tempo para falar sobre os abusos que sofrem.

Aos homens que possuem esse lado explosivo, eu digo duas coisas: a primeira é que dá para mudar isso. A segunda é que isso tem a ver com a repressão emocional e o desprezo que temos de tudo que representa o feminino.

Lembrem-se: a vítima nunca tem culpa. Nunca!

Quando eu levei 4 socos na cara de uma ex-namorada, que estava enciumada, fiquei me sentindo culpado, mesmo sabendo que eu estava super apaixonado e que, mesmo que eu tivesse feito algo (naquele caso não tinha mesmo), nada justificaria aquela agressão.

Das poucas pessoas com quem eu compartilhei essa história na época, algumas me perguntaram na hora "o que eu tinha feito para apanhar". Essa frase mostra muito sobre o sistema que insiste em querer encontrar razões para culpar as vítimas. Principalmente quando elas são mulheres.

Eu sei que o comportamento abusivo, principalmente de homens, desestabiliza a companheira ou companheiro, causando danos psicológicos severos e até mesmo atitudes explosivas. Nada que justifique a violência, embora, sim, muitas mulheres ajam, ou precisem agir, em defesa própria.

Mas nunca seja a pessoa a perguntar o que a pessoa fez para ser vítima de uma situação de violência. Isso também é violento.

Δ

Já curti inúmeras fotos de mulheres de biquíni nas redes sociais. Uma antiga companheira se incomodava com isso. Comecei a refletir e percebi que, se fosse o inverso, ela curtindo fotos de caras de sunga, eu ficaria bem puto da vida.

Não sei se isso vale para todos os homens, mas sei que, quase sempre que eu curtia uma foto dessas, eu queria, lá no fundo, mandar uma mensagem implícita para a menina da foto. Eu queria dizer algo do tipo "tô por aqui" ou "tô te vendo, tô disponível, te querendo". O nome disso é objetificação. Quando tomei consciência disso, parei de curtir fotos assim. Parei de seguir perfis que postavam só fotos assim (muitos gerenciados por homens).

Vale ressaltar que as mulheres são muito podadas sexualmente, desde a infância. Acredito que expor essas fotos é, por vezes, uma forma de quebrar isso, se apropriar do próprio corpo e mandar esse sistema à merda. E lá estamos nós homens, achando que elas estão nos provocando, disponíveis. Nem tudo é sobre nós, meu chapa.

Então parei de curtir, em primeiro lugar, por mim mesmo.

Ando reflexivo sobre minha sexualidade, sobre o que quero para minha vida, que conexão sexual e emocional quero ter com outra pessoa. Quero ter as duas coisas juntas: abertura emocional e sexual. Quero expandir meus limites.

Nada contra sexo casual: esse também pode e deve ser feito com respeito e conexão.

Agora, o que eu quero é profundidade, intimidade, libido, cumplicidade, reciprocidade e espaço seguro para falar sobre todas as questões que vierem à tona dentro da relação. Sem ficar preso pelos medos, tabus ou máscaras.

E você, o que você quer?

AGRADEÇO POR TER O PRIVILÉGIO DE IR
ATRÁS DO CHAMADO DO MEU CORAÇÃO.

Me formei em administração em 2004. Trabalhei 4 anos em banco, depois em uma produtora de cinema, fui para uma *trading company* e, por fim, trabalhei em uma *startup*, totalizando 12 anos no mundo corporativo. Lembro que uma crítica forte que eu recebia era de ser desfocado. E isso me doía, até porque essa crítica vinha de pessoas próximas, presas na ideia de que o foco na vida devia ser ganhar dinheiro e de que não estamos aqui necessariamente para sermos felizes, porque a vida e o mundo são difíceis.

O mundo realmente é difícil, a vida é dura para a grande maioria das pessoas. Trabalhar com aquilo que nos inspira e nos deixa felizes é um imenso privilégio. Principalmente em uma sociedade a qual grande parte das pessoas faz o que pode para sobreviver.

Agradeço por ter o privilégio de ir atrás do chamado do meu coração. E quero estender esse privilégio a quantas pessoas eu puder.

Hoje eu percebo que, mesmo quando estava no mundo corporativo, meu foco sempre foi a busca pela felicidade, pelo preenchimento interno. Estando fora deste mundo agora, acredito que cheguei nesse lugar, descobrindo meu propósito de alma. Onde o dinheiro tem sido uma consequência, o resultado daquilo que produzo, e não a inspiração principal de me manter fazendo o que faço.

Se você ainda não se encontrou profissionalmente, não ceda às pressões internas e externas sem requisitar o seu lugar ao sol. Siga em busca do que te faz feliz porque ninguém pode fazer isso por você.

Dar o primeiro passo é simples: ouça seu coração.

△

Eu conheci o Marcelo, do projeto *Homossexualidade Saudável*, há uns dois anos, e fomos nos aproximando por uma afinidade amorosa e por um mesmo propósito de ajudar homens que querem recuperar seu lado humano, perdido porque não podemos chorar nem sentir.

Há alguns anos eu jamais me imaginaria morando e convivendo com um homem gay. Escrevendo agora percebo que a homofobia também vem do medo que eu tinha de talvez ser gay. Mas aconteceu, moramos juntos, e foi uma experiência que me transformou.

Eu não me recordo de ter sentido, na minha vida, raiva de homens gays, só que eu sentia um medo - inconsciente - de que as pessoas pensassem que eu pudesse ser gay.

Hoje eu acordei e vi as malas do Marcelo arrumadas para a partida dele, e me deu uma tristeza gigante. Meu olho lacrimejou. Eu segurei as lágrimas porque ainda sinto vergonha de chorar na frente de outras pessoas.

Mas o Marcelo, esse ser mais especial do planeta, começou a chorar e me falar coisas lindas e, nesse momento que escrevo eu mal consigo ler minhas próprias palavras de tão emocionado que estou.

Quando ele veio me agradecer e falar tantas palavras bonitas, eu solucei e derramei a vergonha através das minhas lágrimas. Essa foi a cena: dois manos chorando juntos de uma saudade que ainda nem tinha começado...

Senti amor, que só é possível sentir quando nos permitimos ver aquilo que encobre nossa essência amorosa, nossas vulnerabilidades e tudo que escondemos por trás das máscaras que usamos na busca de sermos amados. Tudo porque esquecemos que *somos nós mesmos o próprio amor divino* manifestado e individualizado nessa experiência terrena.

O MACHISMO EXIGE QUE ESTEJAMOS CONSTANTEMENTE EM ESTADO DE ALERTA, PRONTOS, RÍGIDOS, SEMPRE DISPOSTOS A NOS RELACIONAR SEXUALMENTE.

Depois que eu publiquei nas redes um vídeo falando de um momento meu sem libido, recebi mensagens de homens compartilhando a mesma questão. Alguns dizendo que estavam sem vontade de viver por conta disso.

Uma vez, quando eu tinha 20 anos, me senti também sem libido. Cheguei a ligar para minha mãe e falar que eu era gay, porque eu não acreditava na hipótese de um homem não ter libido. Se eu estava sem atração por mulher, achei que eu fosse um homem gay dentro do armário.

O machismo exige que estejamos constantemente em estado de alerta, prontos, rígidos, sempre dispostos a nos relacionar sexualmente. Não sei o quanto isso reverbera nos homens gays, mas esse é o padrão dentro do universo hétero.

Tanta coisa para desprogramar que só quero lembrar que nada, jamais, nos fará menos ou mais homens. Eu costumava me sentir "mais homem" quando estava sendo "bem sucedido" com as mulheres.

Por isso eu falo sobre dar passos para trás, para desprogramar nossa mente da ideia que somos máquinas sexuais. Não, não somos!! E está tudo bem se nossa libido está baixa ou até inexistente. Não há nada de errado com isso.

Ser homem não é querer transar o tempo inteiro: essa foi a ideia que o machismo, através da pornografia, inseriu nas nossas mentes. Se não pararmos para prestar atenção, seguimos assim, nos sentindo inadequados, inseguros... E aí, sabe o que acontece? Vamos à farmácia e compramos um azulzinho. Ou então entramos em um site pornô para "aliviar a tensão". Consumimos para apagar a nossa dor.

Mas esse consumo é só uma camada de tinta por cima de toda uma história de repressão. Enquanto você não estiver disposto a arrancar suas camadas e se olhar por dentro, vai seguir reproduzindo os padrões que foi ensinado. A escolha é sua.

Δ

Olhar nos olhos de alguém em silêncio é uma das experiências mais profundas que eu já vivi, seja com pessoas conhecidas ou não.

Recordo-me da primeira vez que fiz essa dinâmica em um curso. Quando o instrutor explicou o que faríamos, eu não entendi muito a proposta e pensei: "moleza isso". Foram os dois minutos mais longos da minha vida. Eu tentei esconder o nervosismo, mas meu falso sorriso era formado por lábios que tremiam sem parar. Foi extremamente desconfortável, me senti completamente nu, com um turbilhão de emoções vindo à tona. Obviamente eu não tinha ideia do que fazer com tudo isso que estava emergindo sem que eu pudesse controlar. Tudo com um simples olhar.

Entendi nessa hora que eu sempre fugia de olhar nos olhos das pessoas. Não sei se fazia isso porque achava minha vida uma mentira, ou porque eu me sentia pior que todo mundo, ou ainda porque eu vivia pensando em me matar e as pessoas só conheciam meu sorriso, meu falso eu.

Hoje agradeço muito a todos os cursos que eu fiz e que me fizeram entender que a tal zona de conforto é extremamente desconfortável para a alma. Agradeço minha coragem, que nasceu do medo de ter uma vida infeliz, agradeço ter saído do mercado corporativo para buscar meu propósito. E agradeço por nunca mais ter aceitado ficar dentro de um padrão que me fazia viver me anestesiando.

Agradeço muito aos anjos e aos guias que me acompanham... ao meu mestre Jesus Cristo, às diversas pessoas que, de alguma forma me ajudaram e ajudam. E agradeço a você, que me acompanha e se conecta comigo.

REFLEXÕES
COMO VOCÊ SE SENTE ATÉ AQUI?

PARTE 2

SEXUALIDADE
AMADURECENDO
COMO HOMEM

EU ME RECORDO EXATAMENTE DA FORMA QUE EU OLHAVA PARA ELA, E ERA UM OLHAR DE MUITA VIOLÊNCIA.

Há 5 anos uma colega de faculdade disse que se sentiu abusada por mim. Essa é uma história real que me trouxe alguns *insights*.

Para mim é muito simbólico o fato de que eu nunca encostei no corpo dela, nem para dar "Oi". Mas eu me recordo exatamente da forma que eu olhava para ela, e era um olhar de muita violência.

Eu queria que ela soubesse, através do meu olhar, o quanto eu desejava o corpo dela. Era o que eu chamo agora de "olhar que estupra".

Alguém pode achar que isso é exagero, porém eu lembro da energia que existia no meu olhar, de completo desrespeito por ela, como se ela fosse um pedaço de carne a ser consumido.

A conversa que tive recentemente com minha colega de faculdade foi forte e curadora. Ela foi gentil comigo desde sua mensagem inicial. Eu pedi perdão várias vezes e perguntei se teria algo que eu poderia fazer para minimizar o dano que eu tinha cometido.

Ela foi tão incrível que, mesmo me falando dessa história do abuso, o que ela queria mesmo era me agradecer pelo trabalho que eu estava começando a desenvolver, porque ela sentia muita verdade no que eu estava fazendo.

Essa foi uma das maiores lições que eu recebi na minha vida.

Algum tempo depois eu percebi o quanto é tosco e invasivo o padrão de olhar para o corpo de todas as mulheres como *objetos de desejo*. Compartilhei isso com a mulher com quem eu namorava na época e esse padrão começou a perder força em mim. Eu me sentia muito viril objetificando as mulheres, e isso alimentava meu ego fragilizado, como se eu fosse um cara foda por ter olhares abusadores.

Manos, as mulheres se sentem terrivelmente desconfortáveis e amedrontadas com esse tipo de olhar. Não tem nada de erotizante ou estimulante para elas. É só medo e nojo que elas sentem. Não seja o cara que olha mulheres como se olhasse um pedaço de carne.

EM ALGUM LUGAR DENTRO DE MIM, MINHA ATIVIDADE SEXUAL EXISTE APENAS PARA CONQUISTAR, E DEPOIS DA CONQUISTA É COMO SE ELA NÃO TIVESSE MAIS UTILIDADE.

E de repente minha libido sumiu... Um mês e pouco de namoro, apaixonado, resolvemos morar juntos e me vi sem libido.

Muitas emoções vindo à tona, me vi com medo de me sentir fracassado de novo, de frustrar a mulher com quem compartilho minha vida, me peguei novamente preso em padrões que eu achava que não viveria mais.

Percebi que pelo medo de frustrar minha companheira, que não é minha, mas me autoriza a chamá-la assim, comecei a me afastar sutilmente. Notei que eu já não estava procurando beijos e abraços, com medo de não sentir tesão e não ter uma ereção e, com isso, fazer com que ela não se sentisse desejada.

Me vi de novo preso no padrão da mulher para casar ou levar para cama.

No momento em que percebi que a paixão era recíproca, meu tesão diminuiu. Caiu a ficha de que, em algum lugar dentro de mim, minha atividade sexual existe apenas para conquistar, e depois da conquista é como se ela não tivesse mais utilidade. E com a "mulher para casar" eu já não poderia explorar meus fetiches de forma sincera, nem as coisas que me excitam de verdade.

Senti muito medo de compartilhar isso com ela e ser rejeitado e abandonado. No entanto, uma das riquezas do caminho que eu tenho trilhado é aprender a andar com o medo, sem deixá-lo me bloquear. O que me faz entender que o problema não é o medo, mas sim o que fazemos com ele.

Decidi fazer o medo circular. Me abri com minha companheira, me coloquei muito vulnerável. Me recordei de quando eu li num livro que, para manter a *Eros* acesa, é preciso se revelar, abrindo o que temos medo de mostrar pelo receio de sermos rejeitados.

Compartilhei a sombra que novamente apareceu na minha vida com uma mulher que eu amo, e uma magia aconteceu. A libido voltou e, ainda mais, consegui falar coisas simples sobre a minha sexualidade, sendo acolhido, porque consegui falar em primeira pessoa, sobre como EU me sentia, e então uma chave virou.

E você, consegue acessar seus sentimentos mais profundos e expressá-los para quem você ama?

MUITOS HOMENS SÃO INCENTIVADOS A INICIAR SUA VIDA SEXUAL EM CASAS DE PROSTITUIÇÃO, APENAS COMO MODO DE AFIRMAR SUA MASCULINIDADE ATRAVÉS DA EXPERIÊNCIA DE TRANSAR COM UMA MULHER, COMO SE ISSO FOSSE UM GRANDE FEITO NA VIDA.

Temos uma infância condicionada a engolir as lágrimas, não expressar emoções, sempre ouvindo expressões pejorativas como "coisas de mulherzinha e de viadinhos". Já escrevi muito sobre isso, as palavras vem no diminutivo de forma negativa, criando essa separação assimétrica, baseada na ideia de um ser superior (o homem) e do resto. Soma-se a isso o fato de que SER HOMEM, para muitas pessoas, é sinônimo de "pegar" o maior número de mulheres possível; de levá-las para cama sem se comprometer com nada, de resolver as coisas na porrada e de nunca expressar sentimentos. Um ciclo de violências que nos conduz a uma vida vazia e abusiva.

Muitos homens são incentivados a iniciar sua vida sexual em casas de prostituição, apenas como modo de afirmar sua masculinidade através da experiência de transar com uma mulher, como se isso fosse um *grande feito* na vida. Junta-se a isso o consumo descontrolado de pornografia, de fácil acesso, engolindo a juventude, produzindo uma série de distorções sobre sexo e deseducando meninos e homens. Ouço relatos de um grande número de homens que desenvolvem disfunções sexuais, como ejaculação precoce, por exemplo. O sexo é transformado num recurso narcisista, em que o único objetivo é o homem gozar (ejacular, na verdade).

Um dos maiores problemas com relação ao consumo de pornografia, a meu ver, é a objetificação das mulheres, que são humilhadas, agredidas, violadas e estão sempre num lugar de submissão, existindo apenas para satisfazer os prazeres - e carências afetivas - dos homens.

Nenhum homem nasce tóxico. Precisamos mudar, para ontem, a forma como criamos os meninos, transformando esse modelo sexista de educação. Obviamente as escolas, a internet, a televisão, a socialização de forma geral e a *brotheragem* imprimem forte influência nesse cenário, mas o que eu mais ouço nos meus grupos são os efeitos nocivos daquilo que os homens aprendem em casa com seus pais, durante a infância.

É chegada a hora de *ressignificar e descartar* o que entendemos como "ser homem". Até porque ser homem é plural, somos tantos e tão diversos, inseridos em culturas e contextos sociais tão distintos, que não pode haver uma regra, uma forma única e determinista para existirmos neste mundo.

Para fechar, te pergunto: o que é ser homem para você?

Δ

Tive um *insight* aqui, falando um pouco da minha própria história, da dificuldade que os homens possuem de manter a libido acesa em relacionamentos longos, depois que se casam ou depois de se tornarem pais. Isso me remete a algumas coisas. Uma delas é que somos condicionados pelos dogmas a acreditar que sexo é sujo e impuro. No inconsciente, é como se acreditássemos que está tudo bem fazer algo sujo e pecaminoso com uma mulher com quem nos relacionamos casualmente, porém não com aquela que será nossa companheira e/ou a mãe dos nossos filhos. Muitas vezes os homens colocam as esposas em um lugar *sacramental, imaculado*. Isso se origina muito da cultura cristã que está no imaginário ocidental.

Outro ponto é a divisão das mulheres entre "putas ou santas" e "para comer ou para casar". Coloco entre aspas porque assim está no inconsciente coletivo, no senso comum, e porque não me condiciono mais a isso. Apesar disso, essa é a visão comum que temos. Com uma podemos nos divertir, no sentido sexual, e com a outra não devemos, porque no inconsciente ela ocuparia o lugar da puta.

Compartilho esses pensamentos a fim de trazer o tema à tona. Na internet, algumas pessoas se incomodam quando do eu escrevo puta e santa, por exemplo, mas eu busco falar da forma que está no nosso inconsciente coletivo, exatamente para nos despirmos da hipocrisia que cerca esse assunto.

Muitos (homens e mulheres) pensam dessa maneira, só que poucos têm coragem de falar. Assim o *status quo* permanece e não nos damos conta do quanto esse pensamento é sexista e pretende controlar e anular o desejo das mulheres. Quer dizer que não devemos ter uma vida sexual plena com nossas companheiras?

A moral da história, se queremos uma sociedade mais justa e igualitária, é que temos que começar a educar nossas crianças de maneira mais livre e fora desse sistema repressor. Nós já temos as ferramentas para romper com esse ciclo. É preciso agora a disposição para desconstruir nossos próprios condicionamentos, que recebemos durante a vida. O melhor que podemos fazer é nos libertarmos dessas amarras sexistas e segregadoras.

Os homens que permanecem nesse lugar de categorizar as mulheres, como se fossem objetos, certamente tiveram uma criação e socialização machista.

Eu diria que todos os homens, sem exceção, são machistas, embora muitos já tenham acordado e tentem se desconstruir.

Já as mulheres, dada a estrutura de nossa sociedade, também reproduzem essa forma de opressão, principalmente dentro de casa, na educação dos filhos. E é cada vez maior o número de mulheres que identificam comportamentos machistas em si mesmas.

Digo isso porque todos precisamos revisitar nossa maneira de agir no mundo. Observar o que estamos produzindo e reproduzindo é essencial para que transformemos o estado das coisas. Somos responsáveis pelo mundo à nossa volta.

Contribuímos com a construção do pensamento dos outros, principalmente na criação de filhos.

Se auto responsabilizar é conhecer a nossa história, reconhecer o lugar onde estamos e o que nos cabe mudar. Reproduzir o sistema opressor que nos formou é fácil, difícil mesmo é transformar nossas ações e interromper os ciclos disfuncionais.

Mas eu garanto: é libertador!

EMBORA O SISTEMA PATRIARCAL PRIVILEGIE ENORMEMENTE OS HOMENS, TAMBÉM SOMOS ATINGIDOS E SOFREMOS CALADOS.

Até quando vamos nos silenciar sobre o fato de que muitas crianças (meninas e meninos) sofrem abusos sexuais dentro de casa, quase sempre por parentes bem próximos?

Até quando vamos continuar acreditando que sexo e prazer são sujos e, por isso, pecados? Até quando manteremos isso como um tabu? Até quando vamos acreditar que o machismo é ruim somente para as mulheres, os homossexuais, pessoas trans ou não-binárias?

Até quando vamos continuar fingindo que está tudo bem com nossas vidas, fingindo que não temos contas para acertar com o passado? Até quando vamos fingir que nossa sexualidade não está doente?

Vejo mulheres reprimidas, insatisfeitas com sua vida sexual, relatando que nunca tiveram orgasmos. Escuto homens com disfunções sexuais e viciados em pornografia.

E entendo que a base disso é, em parte, construída pela crença religiosa de que sexo é pecado, de que a mulher deve viver para satisfazer os homens. A outra parte vem das crenças sociais do machismo, de que os homens têm que "pegar geral", de que mulher é vadia ou santa, de que homem tem que ser sempre forte e não demonstrar suas fragilidades.

Eu comecei um trabalho de desconstrução dessas crenças em mim e com outros homens nos grupos que conduzo e participo. Faço isso especialmente por compaixão às mulheres, aos homens gays e pessoas trans, pois percebi que o meu mundo, do homem cis hétero e branco, é o mundo dos privilegiados. Senti que minha vida, especialmente minha vida sexual, era um mar de merda, até eu começar a falar desses assuntos e começar meu processo de cura.

Só que, a cada trabalho, a cada curso que ofereço, percebo que, embora o sistema patriarcal privilegie enormemente os homens, também somos atingidos e sofremos calados. Muitos de nós absorvem tão profundamente as mazelas do machismo, que nem percebem o quanto somos prejudicados por essa estrutura. Somos os escravos que defendem o seu senhor. Somos os cegos que têm olhos, mas não querem enxergar.

Assim, seguimos com sorrisos falsos estampados no rosto, servindo ao sistema, aceitando o papel que nos é destinado, fingindo que está tudo bem, com medo, isolados de nós mesmos e adoecendo. Até quando vamos nos permitir isso?

Δ

Parei de ver pornografia quando caiu a ficha de que tenho o sonho de ter uma filha, e de que a pornografia é a manifestação da mulher como um objeto que existe para saciar os desejos sexuais de homens carentes por amor. Homens mal resolvidos nas suas relações com a mãe. A pornografia alimenta a cultura do estupro, porque inconscientemente fica a crença de que mulher é propriedade dos homens, um objeto sem desejos próprios.

E eu parei de assistir. Fico feliz por ter me libertado disso. E reconheço que ainda percebo influências dos anos em que consumi vídeos pornô no meu comportamento.

Eu abandonei o vício porque quero ter uma filha. Eu poderia ter sido impulsionado só pelo respeito por todas as mulheres, não por um desejo pessoal de ter uma filha mulher. No entanto, de qualquer forma, sei que desejo e trabalho por um mundo melhor, onde as mulheres possam ser livres. E suas filhas também. Assim como as filhas de suas filhas...

Existe um caminho para harmonizar nossa sexualidade que, influenciada por esse sistema patriarcal, distorce os homens e violenta as mulheres. Esse caminho de harmonização não percorre a pornografia e outras crenças machistas, tampouco inclui dogmas religiosos que associam o prazer ao pecado.

A sexualidade é para ser vivida de forma plena e respeitosa, com entrega, com atenção ao desejo do outro, sem narcisismo.

Sair de uma sexualidade mecânica e mental e iniciar um processo de se relacionar com base nos sentimentos, no afeto, mesmo em relações casuais, traz outra perspectiva para a vida.

Sinto, logo existo.
Reconheço, logo me transformo.

ME DEI CONTA DE COMO ESSES FILMES
FAZEM MAL PARA MULHERES E HOMENS,
COMO ALIMENTAM A CULTURA DA VIOLÊNCIA,
DO ESTUPRO, DO ABUSO CONTRA MULHERES
E COMO TORNAM OS RELACIONAMENTOS
PERFORMÁTICOS E SEM CONEXÃO.

Brotheragem tóxica, já ouviu falar?

Essa pergunta me lembra o dia em que eu saí de um grupo de whatsapp, em que só haviam homens, e rolavam muitos vídeos com pornografia.

Na ocasião, comentei no grupo que eu estava saindo porque não queria mais estar naquele ambiente, mesmo que eu já não abrisse os vídeos. Quando eram enviados, antes mesmo de fazer o *download*, já dava para perceber naquela foto meio embaçada que era vídeo de sacanagem. Eu não clicava para baixar.

Nessa época me dei conta de como esses filmes fazem mal para mulheres e homens, como alimentam a cultura da violência, do estupro, do abuso contra mulheres e como tornam os relacionamentos (sobretudo no que diz respeito às atitudes dos homens) performáticos e sem conexão. O que contribui na questão das disfunções sexuais.

Saí do grupo avisando os amigos que os amava e não era nada pessoal, sem criticar, sem julgar, sem apontar o dedo, até porque seria bastante hipócrita da minha parte. Cinco minutos depois um grande amigo me mandou uma mensagem privada dizendo que estava triste porque eu tinha saído do grupo, perguntei o porquê, e ele me respondeu que estava triste porque pensava da mesma forma que eu, mas não tinha coragem de se posicionar.

Sigo amigo de todos aqueles caras, porém, hoje em dia, me posiciono com o intuito de instigar reflexões em quem está vivendo nesse "modo pornô automático".

Um conselho que costumo dar sobre esse tema é: se você tem medo de perder alguma amizade, corra esse risco. Tome suas decisões baseando-as na coragem de fazer o que acredita, e não no medo de perder algo. Se perder algum amigo, agradeça. Não era amizade de verdade, ou era e já tinha acabado. Outras melhores aparecerão, pode confiar.

Inclusive, se estiver querendo fazer novos amigos, entre em um grupo de homens. Lá você vai encontrar pessoas que estão em um caminho semelhante ao seu e que podem te dar uma amizade que você sempre quis.

COMO SE TODA MULHER NÃO FOSSE DIGNA
DE PRAZER SEXUAL, COMO SE NÃO PUDESSE
GOSTAR DE SEXO DO MESMO MODO QUE
OS HOMENS GOSTAM.

Quero falar um pouco sobre auto repressão sexual. Eu sou um cara que fumava maconha para me soltar na hora do sexo. Percebi isso por muitos anos na minha relação compulsiva com essa planta.

Antes de seguir, sempre me perguntam se eu acho que maconha é uma droga e minha resposta é que acredito que nada que venha da natureza seja droga. Porém, eu usava ela como um anestésico diário para várias questões. O problema não está na planta, mas na forma como você a usa.

Eu aprendi em algum momento (na verdade em vários momentos) sobre existirem mulheres para casar e mulheres para levar para cama. Percebi um padrão que funcionava assim: quando eu estava na fase da conquista, eu via a mulher como aquela para levar para cama. Depois que eu a conquistava, ela virava uma mulher para casar.

Dentro desse contexto, eu julgava muito as coisas que me dão prazer, por entender que se tratavam de pensamentos "safados", ideia que construí vendo filmes adultos.

Quando eu sentia que tinha conquistado uma mulher, eu começava a me reprimir. Eu não podia enxergar a "minha" namorada como uma "mulher para levar para cama", porque aprendi que essas mulheres não prestam, não são controláveis, podem me chifrar e meus amigos e familiares talvez não aceitariam a relação com uma "mulher assim". Quanta distorção! Como se toda mulher não fosse digna de prazer sexual, como se não pudesse gostar de sexo do mesmo modo que os homens gostam.

Quando eu avançava no relacionamento com uma mulher, de repente, como num passe de mágica, minha libido desaparecia. A partir dali eu só conseguia ter relações imaginando cenas de filmes pornô ou imagens de mulheres que eu ainda queria conquistar.

Sentia o peso de ter que comparecer no ato sexual, só que eu não estava ali de verdade. Para conseguir ter uma ereção, eu super estimulava minha mente antes da relação, o que invariavelmente me levava à ejaculação precoce, e o que é pior, a relações sem conexão emocional.

Só que, quando eu usava maconha, a planta quebrava todo esse ciclo de auto repressão. Com ajuda dela, eu conseguia estar um pouco mais presente e sustentar a ereção por mais tempo.

Hoje tenho 42 anos e sinto que estou numa fase adiantada dessa libertação. Não sei se existe fim, não sei se existe cura total, mas digo que uma das coisas que mais tem me ajudado nesse processo é a comunicação não violenta, que anda sempre de mãos dadas com a palavra mágica da nova era: vulnerabilidade.

É expondo minhas vulnerabilidades e falando abertamente sobre como me sinto, sem precisar de subterfúgios, como a maconha, que consigo me colocar inteiro nas relações, estar presente e conectado com quem amo.

AS MULHERES NÃO TÊM OBRIGAÇÃO ALGUMA
DE ESTAREM À DISPOSIÇÃO PARA TRANSAR
SEMPRE QUE O COMPANHEIRO QUISER.

Já ouvi muitos relatos de mulheres que percebem, em algum momento, que foram abusadas/violentadas pelos próprios companheiros. Elas *percebem*, porque essa é uma tomada de consciência que pode levar anos até que, de fato, reconheçam que uma determinada experiência foi abusiva.

Na prática, a história que se repete é mais ou menos assim: a mulher conta que foi educada para acreditar que ela é uma propriedade do marido, que deve servi-lo, sendo a relação sexual uma *obrigatoriedade* para satisfazer o companheiro. Isso vem desde a infância, quando se constroem as principais crenças que existem na mente.

A mulher que aprende isso muitas vezes vive e age como se ela fosse uma propriedade do marido. Se ela acredita, mesmo inconscientemente, que o marido é dono dela, na prática ela acredita que ele tem direito de fazer o que quiser com ela. Inclusive sexo sem consentimento, ou sexo como um compromisso que precisa ser cumprido, a fim de que o parceiro não procure outra. O sexo não vem só pelo desejo, mas pela "responsabilidade".

Com o crescimento do feminismo as mulheres têm percebido que nas relações - especialmete no casamento - também pode acontecer violência sexual. Embora esse tema seja cercado de desentendimentos e ausência de debate, principalmente entre homens.

Trago aqui dois pontos:

1. O ponto um é: *sexo requer consentimento*, mesmo dentro de um casamento.
2. Ponto dois: as mulheres *não têm obrigação alguma* de estarem à disposição para transar sempre que

o companheiro quiser. Isso é uma ideia absurda, pois pressupõe que as mulheres são subordinadas ao marido e devem se sujeitar a qualquer prática, desde que seja a vontade do homem.

Importante olhar também pelo ponto de vista de que o homem também não é obrigado a estar pronto para o sexo a qualquer momento. A ditadura da ereção já passou, os jovens já podem parar de comprar o famoso comprimido azul.

Deixa eu te contar: sabia que estudos mostram que a maioria dos clientes desses comprimidos são homens jovens, de até 30 anos?

E qual será a porcentagem dos homens que ainda acredita que são donos das mulheres? Eu acredito que é a maioria. Ou seja, o cara se sente inseguro, acha que não vai conseguir sustentar uma ereção, e ainda por cima se acha dono da mulher, quer controlar a vida dela e exigir sexo a qualquer momento. Contraditório, eu diria.

Tem muito homem que acha que pode fazer o que quiser com sua companheira. É *urgente* que mudemos essa estatística. Só assim vamos viver em uma sociedade livre de violência contra a mulher.

Se vir seu vizinho brigando, lembre-se: em briga de marido e mulher, *se mete sim a colher*!

Denuncie! Disque 180.

A PORNOGRAFIA É A MANIFESTAÇÃO DA
MULHER COMO OBJETO SEXUAL.

Esses dias, numa conversa com uma amiga, ela me perguntou o porquê de nos grupos de whatsapp de homens rolar tanta pornografia, e qual é o tesão que o homem tem de ficar vendo esses vídeos.

Isso me remete a duas coisas: primeiro, ao fato do homem, em geral, rejeitar sua energia feminina, com receio de que, se expressasse essa parte de si, colocaria em cheque a sua virilidade de homem. Com esse medo inconsciente, ele sente raiva da sua polaridade feminina, e projeta essa raiva nas mulheres. A pornografia é a expressão dessa raiva: a manifestação da mulher como objeto sexual, sendo que em muitos filmes o homem maltrata a mulher - o que em mim gerava mais excitação do que as cenas em si.

Em segundo lugar entendo que nesses grupos de whatsapp, independente do homem sentir ou não tesão pelo conteúdo, ele acredita que precisa sentir, ou *pelo menos* falar que sente, como forma de passar a imagem de homem viril, apto, sempre disponível para o sexo. É como um modo automático, um comportamento inerte, que no mais profundo da nossa psique, traz um receio de se mostrar vulnerável, de sair do modo "macho alfa", e colocar em xeque a sua masculinidade.

Deixo uma reflexão: e se um dia sua filha se deparar com esse tipo de pornografia? E se sua filha soubesse que você consome esse tipo de vídeo? Qual é o legado que você gostaria de deixar para seus descendentes? Como você quer ser lembrado por eles?

Eu sei que já alimentei muito esse cenário da pornografia. Sempre senti culpa e remorso, e tenho me esforçado para quebrar esses padrões dentro de mim. A grande virada que tive na minha vida e na minha sexualidade foi quando assumi esse machismo que eu carregava, e comecei a falar com meus amigos e namorada sobre a forma como isso se manifestava na minha sexualidade.

Temos a opção de continuar alimentando essa "besta" inconsciente, ou de migrarmos para um lugar de humildade e reconhecer esse problema. O primeiro passo é querer *mudar*.

Termino esse texto reconhecendo que meu processo de cura é contínuo: não sou um homem curado, apesar disso, sigo na busca de me reconhecer e levar luz para a minha inconsciência.

A GRANDE MAIORIA DAS MULHERES NÃO ATINGE O ORGASMO SÓ COM PENETRAÇÃO.

Se nos lembrarmos que o corpo da mulher tem vida, não é um objeto, e que prazer dividido, acaba multiplicado, começamos a sentir a magia da vida.

Sexo com presença é divino. Quando conseguirmos diminuir a dependência de sentir prazer só no pênis, melhor ainda.

Falo de uma perspectiva heteronormativa, em que atualmente me encaixo. Sei que o prazer não está só no órgão sexual, nem do homem nem da mulher. Na verdade, a grande maioria das mulheres não atinge o orgasmo só com penetração. A experiência sexual pode (e deve) contemplar todos os contornos do corpo. Se você tem uma parceira, converse com ela sobre isso, pergunte *do que* e *como* ela gosta de sentir prazer.

O que mais nos tira a possibilidade de sentir essa magia que pode ser o sexo é a influência da pornografia, que, quase sempre, só deseduca. Eu, por exemplo, até gosto do "estilo britadeira" tão retratado nos filmes adultos, mas também gosto de ampliar meu horizonte, de ouvir minha parceira, saber como é bom para ela, para que a diversão seja definitivamente de nós dois. E olha, proporcionar prazer é algo muito estimulante...

Pode parecer estranho, no entanto, a raiz principal da sexualidade limitada nos homens vem da nossa repressão emocional e da negação da nossa polaridade feminina, que dá brilho para nossas vidas. Quando desbloqueamos essa energia mais sensível, podemos finalmente existir de forma íntegra. Mesmo homens que não se manifestam de forma abusiva, que são "mais sensíveis", costumam ter sua energia feminina limitada. As energias masculina e feminina são dependentes uma da outra, e precisam estar integradas para serem expressadas em sua plenitude.

Por fim, como o externo é um reflexo do interno, como somos aquilo que projetamos nos outros, só atingiremos esse lugar de plenitude quando nos libertarmos dos condicionamentos patriarcais aos quais estamos tão acostumados.

O que você pode fazer hoje para começar a mudar isso?

A CULPA DO ABUSO É DO ABUSADOR.

Tenho falado bastante sobre abuso sexual na infância. Em primeiro lugar, porque acredito que precisamos falar mais disso, já que é enorme o número de meninos e meninas vítimas de abusos, sendo que a grande maioria dos casos acontece dentro de casa ou com pessoas próximas.

As crianças não denunciam, entre outras coisas, porque esse tema é um tabu, emaranhado por ameaças, pânico e insegurança. Pouco se fala a respeito, e as crianças abusadas sentem medo, vergonha. Acham que ninguém vai acreditar nelas e que serão reprimidas - o que de fato acontece em muitos casos.

Ouço histórias de adultos que sofreram abuso sexual na infância e que tiveram coragem de contar para o pai ou mãe, porém, eles não acreditaram na criança. Essa, para mim, é uma das partes mais difíceis de entender: o que se passa na cabeça de uma mãe ou um pai que desacreditam do filho ou filha numa situação dessas? Confesso que sinto raiva desses pais, mesmo sabendo que estão fazendo o melhor que podem, considerando todos os seus limites de consciência.

Esteja sempre atento/a aos sinais de seus filhos. Crianças expressam suas dores de inúmeras formas. Qualquer coisa diferente ou estranha que seu filho expressar, dê voz, escute atentamente, *investigue delicadamente*. Nunca duvide, intimide ou deixe a criança insegura caso ela expresse algo nesse sentido. Acolha, ouça, valide e jamais deixe a criança se sentir culpada.

A culpa pelo abuso é do abusador.

Não deixe seu filho só.

Denuncie!

Disque 188.

VOCÊ NÃO PRECISA EXPERIMENTAR SENTIR PRAZER NA PRÓSTATA PARA SER MAIS LIVRE, SÓ QUE VOCÊ PODE.

Já ouvi de vários terapeutas tântricos que a próstata é o ponto G masculino, ou então o ponto P. Mas vivemos numa cultura medíocre, que restringe nossa visão de prazer na penetração e no pênis, levando homens a rejeitar qualquer outra possibilidade de sentir prazer. Tudo que for diferente do padrão é tido como "coisa de gay". Expandir e experimentar outros pontos de prazer, especialmente a próstata, traz ainda esse tabu homofóbico, que está instaurado no nosso inconsciente.

Nós não nascemos cheios de tabus, não nascemos homofóbicos, com raiva de homens gays, com a sexualidade reprimida, achando que mulher serve para casar ou para transar, que homem não pode chorar... Essas crenças, e tantas outras, são a raiz do sofrimento humano, porque limitam nossa experiência de vida. Não vivemos de forma plena, livre e amorosa, respeitando todos os seres humanos e a nós mesmos. Vivemos limitados pelas crenças que foram repassadas a nós.

Não somos responsáveis pelo tipo de educação que tivemos. A culpa definitivamente não é nossa, no entanto, *somos os únicos capazes de nos libertarmos* de todo esse peso, *assumindo a responsabilidade* por transformar nossas vidas.

A felicidade é um direito divino, de todo ser vivo. O plano de Deus é vivermos uma vida digna em todos os momentos de nossa existência humana. E o único caminho que eu conheço é o autoconhecimento.

Você está trilhando esse caminho agora, lendo esse livro, expandindo a sua consciência. Você não *precisa* experimentar sentir prazer na próstata para ser mais livre, só que você *pode*. E isso não vai te fazer menos homem, na verdade, vai te tornar uma pessoa com mais conhecimento sobre si mesma. Com mais autoconhecimento. Uma pessoa mais expandida, que conhece seu próprio corpo e que sabe dar e receber prazer com mais intensidade.

A culpa de ser limitado não é sua. Mas a responsabilidade de se libertar, essa sim é com você.

EU CAMINHO PARA O QUE CONSIDERO UMA SEXUALIDADE SAGRADA.

Uma vez recebi uma massagem tântrica de uma terapeuta maravilhosa.

Venho observando recentemente a minha sexualidade, me sentindo incomodado por me ver ainda preso em fantasias, talvez influenciado pelos tempos de pornografia.

E me caiu uma ficha importante.

Pelo fato de eu não ter operado a fimose, sempre senti dor fazendo sexo. Comecei minha vida sexual com 18 anos, portanto, são mais de 20 anos de sexo sentindo *dor*. E, obviamente, ficou impregnado no meu subconsciente a associação entre prazer e dor, o que também deve ter influenciado minhas fantasias mais agressivas, embora eu não faça nada sem consentimento da parceira.

Só que, durante a massagem tântrica, eu não senti dor em *nenhum* momento. Senti, na verdade, muito prazer e, ao mesmo tempo, um sentimento de desconforto, porque era um prazer quase torturante. Será que era culpa por sentir prazer sem dor? Até hoje não sei.

Escrevendo esse texto sinto um movimento interno de desconforto, porque obviamente abrir isso para você não é a coisa mais fácil do mundo. Exponho esse assunto porque, todas as vezes que escrevi algum texto com medo do julgamento alheio, recebi coisas boas na sequência. *Insights*, clareza das questões que foram abertas, alívio, etc.

Estou realmente cansado do meu padrão sexual e, por isso, comecei a colocar energia nesse sentido, de ressignificar minha ideia de prazer e a forma que me relaciono sexualmente. Caminho para o que considero uma *sexualidade sagrada*, muito além desse sexo "bate estaca" que eu aprendi vendo filmes pornôs.

Tive algumas visões durante a massagem, e uma delas foi algo que me dizia: *o prazer é uma tortura*. Nesse momento tive a sensação de que isso tem a ver com outras experiências minhas, que não envolvem sexo. Preciso aprofundar essa questão. Levar para a terapia. Quem sabe fazer mais uma massagem.

Depois dessa sessão tântrica, resolvi me dedicar ao estudo do tantra para ressignificar padrões sexuais que se originam na cultura machista - objetificação e violência, ignorando o prazer do outro. Quero ser, cada vez mais, capaz de transar da forma que quero, incluindo a bate estaca se for da vontade de ambos, além de descobrir outras formas de me entregar.

E, quero também, quem sabe, em algum momento, se for possível... entender e, se possível, viver a experiência de *fazer amor*.

LEVEI TEMPO PARA CONSEGUIR OUVIR DE VERDADE O QUE AS MINHAS AMIGAS ME FALAVAM, PORQUE SEMPRE TINHA UM OLHAR SEXUALIZADO SOBRE ELAS.

Levei tempo para conseguir ouvir de verdade o que as minhas amigas me falavam, porque sempre tinha um olhar sexualizado em relação a elas.

Sinto que no *mainstream* mental masculino existe o pensamento de que mulher que posta foto de biquíni faz isso para provocar os homens. Para ser vista, desejada. Que mulheres que fazem isso, não se dão o respeito. E outros pensamentos nessa linha.

Aproveitando meu lugar de fala de homem, e isso pode parecer um detalhe, mas não é, afirmo: o homem por si não é machista, não nascemos assim. Vamos aprendendo ao longo da vida, diante de uma socialização que nos ensina a sermos machistas. Considerando a estrutura social em que estamos inseridos, que nos rege, somos todos homens machistas. E muitas mulheres também são.

Tudo isso é fruto da forma como fomos educados por nossos pais e mães, que fizeram um pouco melhor que nossos avôs e avós, dado que todos eles também cresceram dentro dessa estrutura que, na época deles, era ainda mais machista.

Embora, sob essa perspectiva, todos nós sejamos vítimas do machismo, uma coisa que eu tenho falado para meus amigos é que não temos culpa da forma que fomos criados. Apesar disso, a responsabilidade de mudar o comportamento, de amadurecermos, de encerrarmos esses ciclos, é somente nossa. Hoje temos acesso à informação como nunca antes, e por isso não existem mais desculpas.

É preciso olhar para nosso passado para nos libertarmos dele. É um processo, leva um tempo diferente para cada um, mas é possível reverter esse quadro.

Levei tempo para conseguir ouvir de verdade o que as minhas amigas me falavam (sobre qualquer assunto), porque sempre tinha um olhar sexualizado sobre elas. Eu não conseguia prestar atenção total nas palavras delas, pois estava sempre pensando sobre algo sexual em relação a elas. Hoje, tendo consciência de que não é esse o tipo de amigo que quero ser, estou me permitindo desconstruir esse olhar condicionado a ver sexo em tudo. Quando uma mulher posta uma foto de biquíni, talvez ela simplesmente goste daquela foto, assim como você gosta das fotos que posta nas suas redes. O que essa mulher faz não tem a ver com você, simples assim.

O que está em jogo aqui não é se somos mais ou menos homem, mas sim o quanto somos capazes de nos desconstruirmos e nos tornarmos mais humanos.

EU NUNCA VI UM FILME PORNÔ EM QUE A MULHER É TRATADA COM RESPEITO OU ESCOLHE O QUE QUER FAZER.

Esses dias numa conversa com um amigo, me lembrei de um dia importante para mim, no sentido de deixar para trás o vício que eu tinha em pornografia: o dia em que descobri que eu queria ter uma filha. Quando caiu essa ficha, virou outra dentro de mim.

Como eu posso continuar alimentando o sistema pornô, que é a retratação da mulher como um objeto sexual, a projeção da mulher como "algo" a ser humilhado e violentado? Eu nunca vi um filme pornô em que a mulher é tratada com respeito ou escolhe o que quer fazer. Ela é sempre colocada na posição de uma mera serviçal, que está lá para saciar o apetite sexual do homem. Como eu posso querer ter uma filha e continuar alimentando esse sistema?

Quando essa constatação entrou na minha cabeça, decidi deixar para trás essa dependência. Isso foi em 2016. Confesso que, depois dessa decisão, num momento de baixa energética, acabei assistindo filmes pornô duas vezes. Mesmo assim, considerando o ritmo anterior, sinto-me 99% "curado". Falo de cura porque hoje existem estudos que mostram que a pornografia funciona como droga no cérebro, e que é comum ter recaídas quando decidimos parar de consumir.

Meu processo de cura sexual começou a acelerar quando eu tive coragem de expor essas distorções — sempre com medo do julgamento das minhas amigas e irmãs. Só que, em 99% das vezes, eu recebi apoio delas, e praticamente nenhuma agressão. E todas as vezes que eu falava do machismo que eu percebia dentro de mim, e que se manifestava na minha sexualidade (no início eu só falava disso com mulheres), a reação delas era uma expressão do tipo "amigo, me conta uma novidade, porque todo homem é assim". E eu me sentia acolhido.

Comecei a me curar com base na frase falada há 2 mil anos por Jesus Cristo, "A verdade nos libertará". É preciso ter coragem para abrir nossas sombras, nossas distorções e acelerar o processo de cura. Era muito difícil falar dessas coisas no início da minha jornada de autoconhecimento. Hoje eu percebo que, na verdade, difícil mesmo era conviver com essa doença dentro de mim, em silêncio. Sei que existem homens que não vivem essa realidade mas que, a grande maioria sabe bem do que estou falando. Ser viciado em pornô é a regra geral para os homens.

Precisamos levar luz para nossas sombras, acender a luz do quarto escuro que nos habita para que possamos ressignificar o que está embaixo do tapete. Só assim, encarando de frente a parte mais sombria, vamos encontrar nossa essência amorosa.

Δ

Ninguém nasce com a sexualidade reprimida, achando que sentir prazer é pecado, que chorar é coisa de "mulherzinha"; que mulher, se não for recatada, não presta. Ninguém nasce depressivo, ansioso, bipolar. Ninguém nasce com pensamentos suicidas. O que acontece para que isso mude na vida adulta?

Ouço muitas mulheres relatando dificuldade em ter orgasmo, porque na infância ouviram, de forma ostensiva: *tira já a mão daí que é feio e sujo.* É assim, com esse tipo de frase, que se produz uma marca que ficará no subconsciente, gerando a dificuldade de se entregar ao prazer, porque, a partir desse momento, sentir prazer é errado, é pecado, feio e sujo.

Escuto também homens relatando os abusos emocionais vividos na infância, em que tiveram de engolir o choro, esconder o medo, renegar afeto, tudo isso para "ser homem". No entanto, esquecemos que, antes de homens, somos humanos...

Não é à toa que as estatísticas mostram que homens se suicidam até 4 vezes mais que as mulheres. Eles engolem tantas lágrimas, reprimem tanto os sentimentos que, quando adultos, não dão conta de lidar com as emoções que são parte do amadurecimento. E, por isso, eles explodem! Se matam e agridem os outros na mesma proporção que suprimem suas emoções e lágrimas.

Enquanto fingirmos que "tá tudo bem" e ficarmos presos nesse condicionamento, só para passar alguma imagem idealizada para sociedade, correspondendo expectativas irreais, estaremos presos no ciclo do sofrimento.

Eu vivi boa parte do que descrevi acima, porém encontrei um caminho para minha libertação, que continuo trilhando. Larguei o mundo dos negócios para ajudar outras pessoas. Esse é o meu caminho, meu propósito.

Não existe uma jornada única, uma receita exclusiva e mágica, mas a primeira chave para essa virada está em ouvirmos a voz do coração.

O que você escuta aí de dentro?

MORREMOS DE MEDO DAS MULHERES QUE EXPRESSAM SUA POTÊNCIA LIVREMENTE, ESPECIALMENTE QUANDO ISSO SE REFERE AO SEXO.

Para conquistar outra pessoa, nós, homens, muito costumeiramente, criamos uma falsa imagem de quem somos. Mentimos, fazemos jogos emocionais, manipulamos e, depois da conquista, desaparecemos.

Para essa estratégia existe, inclusive, um termo em inglês: *ghosting*. *Ghost* significa *fantasma*. Mulheres também podem agir dessa maneira, claro, mas esse jogo manipulatório é muito mais utilizado pelos homens. E por que agimos dessa forma?

O patriarcado nos oferece moldes: homem que é homem tem que seguir a cartilha do conquistador, o cara tem que estar sempre disponível sexualmente, precisamos ser o sedutor que leva todas para cama. Sustentar essa imagem é um peso enorme, cansativo e danoso. Para fazer isso, deixamos de assumir as responsabilidades emocionais do relacionamento (por mais curto que seja) e focamos em só tirar o máximo possível de "vantagem" na relação.

Só que, do outro lado da relação, tem uma pessoa. Somos acostumados a mutilar a autoestima de mulheres, e quase nunca percebemos isso. Ficamos o tempo todo julgando quem é a mais bonita, a mais gostosa, sem perceber o efeito que isso causa.

E muitas mulheres entram nesse jogo de comparações, tentando se enquadrar para serem respeitadas e ouvidas. Muitas mulheres vivem sem poder se expressar livremente, pois estão sempre sob o nosso julgamento, que as reserva o lugar da "puta" ou da "santa".

No fundo, acredito que morremos de medo das mulheres que expressam sua potência livremente, especialmente quando isso se refere ao sexo. Conhecem aquela história de que homem gosta mais de sexo que de mulher? O foco do cara é o prazer próprio, e não a relação. Meus amigos homens, experimentem mudar o foco e vejam como sabemos pouco sobre as mulheres.

Desejo que todos nós possamos nos desprender dessas amarras, despertemos para a necessidade de vivermos com responsabilidade emocional, porque esse é o caminho para adentrarmos em uma nova era de consciência.

Te pergunto: o que existe por trás dos jogos nas relações amorosas? O quanto eles falam sobre nossas inseguranças e medos?

Rezo para que possamos nos relacionar amorosamente sem joguinhos, sem dizer uma coisa e agir de forma oposta. Que sejamos verdadeiros, especialmente nas relações amorosas. Ainda que casuais, os envolvimentos podem ser cheios de afeto e respeito. Estamos, em cada relação, diante de um ser humano que merece ser tratado com amor. Em todos os níveis de relacionamentos existem grandes potenciais de cura, desde que sejamos verdadeiros.

Δ

Muitos homens projetam sua carência materna em relações amorosas. Essa carência vem da infância, especialmente dos primeiros 7 anos, o período mais importante na formação da nossa personalidade. A carência não precisa se originar em traumas brutos. Pode surgir de um simples "não" que ouvimos quando pedimos colo, quando precisávamos de acolhimento. E pode ser que não nos recordemos desse trauma. Porém, ele estabelece um buraco, um vazio emocional, porque naquele momento sentimos que não fomos amados.

E isso não é "culpa" da mãe. Mãe nenhuma, por mais perfeita que seja, vai conseguir criar um filho que não tenha carência materna. Viver essa carência é um processo pelo qual todos devemos passar.

Me lembrei agora de um relacionamento que vivi nos últimos anos. Assim que a relação acabou, senti muita vontade de beber leite (estava há tempos sem beber). Naquela hora me senti desamparado, como se fosse uma criança de novo. Me vi abandonado, sem ter um adulto para cuidar de mim.

É muito importante sermos honestos com o que sentimos. Sabemos que os pais e mães fizeram o melhor que puderam, com as ferramentas, informação e consciência que tinham à disposição. Saber disso é importante, porque nossa mente cria a nossa realidade. Mas saber disso não implica ignorarmos o que sentimos.

Faço uma analogia da minha história com meu pai, com quem sinto que hoje estou vivendo o melhor momento da vida. Eu entendi, com muito custo e sofrimento, que ele tinha feito o que sabia e com as melhores intenções. Isso me livrou de uma máscara que eu usava para encobrir as mágoas em relação a ele que ainda se faziam presentes dentro de mim.

Durante uma das formações que fiz como terapeuta, ouvi uma frase que me marcou: "não mente pro universo". Essa frase resume bem o que eu quero trazer, de sermos honestos com nossos sentimentos, sem ficarmos presos em frases prontas.

Curar nossa relação com nossos pais e mães é parte da missão de cada um de nós, e nossos pais não vão poder resolver isso. A responsabilidade é nossa, e o primeiro passo é se olhar com honestidade e ver o que existe aí dentro. Nem que curar essa relação signifique estabelecermos limites reais e até mesmo romper laços.

A parte maravilhosa desse processo é que ele vai nos libertando das relações com dependência emocional. Lembre-se: é um processo. E é desafiador.

Ser humano é estar aqui para evoluir, o que implica necessariamente fazer mudanças, abdicar de crenças que nos limitam, estabelecer limites nas relações e se tornar responsáveis pelos nossos atos. Se todos temos carências, isso é parte de quem somos. Se queremos ser inteiros, nosso caminho passa por curar essa ferida.

△

A medicina chinesa fala das polaridades *Yin* e *Yang*. Carl Jung falava das projeções arquetípicas, *anima* e *animus*. O dito popular ocidental fala em energia feminina e masculina. Não importa muito os nomes aqui, o fato é que todos os seres humanos têm um lado mais sensível e um lado mais prático. Um lado mais intuitivo e um lado mais racional. Um lado mais introspectivo e um mais extrovertido.

Depois de facilitar mais de cem grupos terapêuticos apenas com homens, entendo bem o que está acontecendo com os homens. Refiro-me, sobretudo, aos heterossexuais, que são com quem mais trabalho. Mas já ouvi muitas histórias parecidas de homens homossexuais também.

Na infância, em geral, os meninos são ensinados que virilidade é sinônimo de repressão de tudo que seja "feminino". Não podem chorar, sentir medo, expressar afeto ou qualquer sensibilidade. Nada disso é "coisa de homem".

A teoria freudiana fala que projetamos nos outros aquilo que negamos dentro. Por exemplo: vejo que muitos homens homofóbicos têm questões mal resolvidas com a sua sexualidade. E *por isso* sentem raiva dos homens gays. A projeção funciona assim: já que o homem hétero não *se permite* sentir prazer no ânus, por exemplo, ele se sente mal quando vê um homem gay que se permite fazer isso. E daí surge a repressão, a violência. O homem reprimido projeta a sua própria frustração no homem gay.

Ah, e a mesma coisa acontece com relação à misoginia (o ódio contra as mulheres): o homem misógino normalmente reprime tudo que é sensível em si, então quando vê uma mulher sendo sensível, a chama de fraca, fresca, boba... Vocês sabem do que eu tô falando.

Eu não pretendo justificar nenhuma forma de violência

com esse texto. Eu desejo que todos os culpados por violência sejam punidos no rigor da lei e que depois busquem se reabilitar.

Quanto ao aqui e agora, precisamos fazer alguma coisa para mudar a realidade. E a mudança externa (na sociedade) começa com a mudança interna (em cada indivíduo). Por isso, é nossa responsabilidade lidarmos com nossos traumas, nossas projeções, e buscarmos ser *aliados* das mulheres, sermos anti-homofobia e antirracistas.

Parte dessa mudança passa por priorizarmos uma educação não-violenta para as crianças. Para que sejam livres, sem repressões emocionais e sexuais, sem comparação entre filhos, sem depositarmos nossas expectativas sobre eles e também sem cobrarmos das mulheres que estejam sempre lindas, bem arrumadas, em forma e com o corpo perfeito.

No sistema patriarcal, não existem vencedores *de verdade*.

Segundo a OMS, atualmente o suicídio é a segunda principal causa de morte entre jovens de 15 a 29 anos. 80% são homens. Muitos desses caras que se matam são aqueles que "tem tudo do bom e do melhor". É preciso encontrar uma nova fórmula para vivermos em família e criarmos nossas crianças de forma saudável, não sexista e humana. Se você tem filhos, reflita sobre as coisas que você projeta neles.

Quando nos curamos, curamos todos que vieram antes de nós e também todos que virão depois.

Δ

Os homens reprimem a própria energia feminina porque têm medo de que, se expressarem esse lado de si, vão colocar em xeque sua virilidade. Não é à toa: crescemos ouvindo centenas de vezes que "homem de verdade pega geral, não chora, não brocha, não tem medo, não demonstra amor, resolve as coisas na porrada", e por aí vai.

O inconsciente coletivo, ou senso comum, está cheio dessas crenças, sendo que uma delas diz que chorar, ter medo e demonstrar afeto são características femininas, portanto, coisas de *mulherzinha*, ou até de homossexual. A partir disso, qual a ideia que fazemos das mulheres e dos homens gays? Quão limitado é o nosso pensamento, em achar que um ser humano, por ser considerado homem, não pode expressar o que sente?

Homens também sentem vontade de chorar, tem suas carências, medos, inseguranças, sentem vontade de demonstrar amor. Quem não os faz está apenas reprimindo aquilo o que sente, mas o sentimento e as emoções tão ali, presentes em tudo. O externo é literalmente um reflexo do que temos dentro de nós: querendo ser "homens de verdade" negamos a tal "energia feminina", e então ficamos com raiva e nos sentimos desajustados por saber que temos (na verdade que *sentimos*) essas tais características femininas.

Como não aprendemos a lidar com essa raiva que sentimos, projetamos ela em quem? Nas mulheres e nos homens gays, justamente as pessoas que tendem a se sentir *livres* para expressar a energia feminina. É essa a raiz da enorme onda de violência que vemos dia a dia, e que parece só aumentar.

Eu tenho certeza, e quero acreditar, que o cenário vai mudar, que é uma questão de tempo. Vejo mais e mais homens se interessando pelo caminho do autoconhecimento, da espiritualidade e do respeito e, em algum momento da vida, começando esse processo de aceitação interna, de acolhimento do que chamamos de nossa polaridade feminina e das nossas sombras. Esse movimento dos homens é necessário. É urgente.

Meu convite é que cada homem olhe para dentro de si e veja o que ele sente com relação às mulheres, quais são seus conceitos sobre "ser mulher", e de onde eles vêm. Um bom primeiro passo para essa reflexão é ver quais são as suas fantasias sexuais. Como elas são? Existe um jogo de poder envolvido? Existe raiva, violência, objetificação?

Chegou a hora de, como adultos que somos, assumirmos nossas responsabilidades e começarmos o processo de transformação, trabalhando internamente nossas feridas, parando de projetar, em quem quer que seja, os nossos próprios demônios e preconceitos.

O CARA ACHA QUE, PARA SER MACHO, NÃO PODE DEMONSTRAR NADA QUE SEJA LEMBRADO COMO "FEMININO".

Percebi recentemente o porquê dos homens enxergarem as mulheres como objetos sexuais. Tenho falado bastante que tudo o que acontece fora de nós é um reflexo do que temos dentro. E objeto não tem vida, é só uma coisa.

O *insight*, que sempre me parece óbvio, é que o homem é condicionado na infância a aniquilar seu lado feminino, mais sensível, receptivo, acolhedor. Aprende que é coisa de "mulherzinha" e dos "viadinhos", sempre no diminutivo, deixando a mensagem inconsciente de que mulheres e homossexuais são seres inferiores. O cara acha que, para ser macho, não pode demonstrar nada que seja lembrado como "feminino". Só que esse lado está em todos nós: está aí em você, aqui em mim.

Conscientemente ou não, o homem, por saber que esse lado existe, e por acreditar que ele não é coisa de homem, começa a renegar uma parte da sua própria natureza. Ele busca *matar* seu lado feminino para mostrar virilidade, que acaba virando um objeto de decoração. De modo que projeta essa objetificação no feminino fora dele, ou seja, nas mulheres e até na natureza.

Por fim, recordo que ninguém nasce com esse entendimento distorcido. A raiz do problema são os condicionamentos recebidos na infância e adolescência, na socialização, entre os amigos, dentro de casa e até mesmo na escola.

É hora de deixarmos as crianças, principalmente os meninos, expressarem seus sentimentos. É hora de validarmos o que sentem as crianças, ouvi-las. E assim teremos gerações futuras com maturidade emocional para construir uma sociedade mais igualitária.

DESEJAR AS MULHERES SÓ PORQUE AS ACHAMOS ATRAENTES É OBJETIFICAÇÃO.

Não precisamos querer transar com todas as mulheres (ou homens) para nos sentirmos mais homens.

Não existe isso de "mais homem". Nem menos. Existe homem. E existe mulher. E não-binários. Seres humanos. Almas manifestadas dentro de corpos físicos.

Eu vejo às vezes fotos de mulheres que eu sigo nas redes sociais. Algumas vezes me sinto atraído, outras não, mas acho a mulher bonita. Dá um *bug* na minha cabeça. Por que eu fico olhando essas fotos mesmo?

Desejar as mulheres só porque as achamos atraentes é objetificação. E isso é condicionamento social, não é saudável. Precisamos aprender a admirar mulheres além da beleza física, da estética. Precisamos ler mulheres, ouvir mulheres, respeitar mulheres, admirar mulheres... sem fantasiar levá-las para cama.

A gente não nasceu homem, aprendemos a ser. Não nascemos condicionados, porém ficamos com o tempo. Por isso eu falo sobre dar passos para trás, para voltarmos a nos expressar de forma mais espontânea e sem máscaras.

Manos, busquem ajuda psicológica/terapêutica/médica/espiritual. Seja onde for, busquem transformar aquilo que não está saudável dentro de você.

A desconstrução é interna. E passa por assumirmos e reconhecermos nossas sombras. Quando estivermos prontos para nos aceitar integralmente, estaremos prontos para amar a todas as pessoas com suas singularidades.

Meu irmão, a mudança acontece de dentro para fora, e não da boca para fora.

HOJE TENHO UMA OUTRA VISÃO A RESPEITO DA PORNOGRAFIA, UMA VISÃO MAIS CRÍTICA.

Você sabe por que eu parei de consumir pornografia? Porque eu percebi que não fazia bem para ninguém.

Demorou, mas caiu a ficha no dia que eu me dei conta que tinha o sonho de ter uma filha.

Já me questionei: por que não tive esse *insight* pensando em todas as mulheres do mundo? Mas tudo bem, porque de alguma forma aconteceu, virei a chave, e minha história tem ajudado outros homens a refletir a respeito disso.

Com essa reflexão também comecei a perceber que sempre tinha feito "sexo mental". Sempre que eu estava transando ficava, na hora H, fantasiando com as imagens que via nos filmes. E ao invés de viver a realidade, eu ficava preso nessa imagem mental. Isso me deixava ansioso, porque eu sequer tinha coragem de falar sobre minhas fantasias. Eu sentia prazer, só que logo vinha a culpa.

Eu queria ser uma máquina sexual, igual aos atores dos filmes. No entanto, eu sabia que não era. Foi quando comecei a perceber que muitos homens (e mulheres) fantasiam com sexo sem consentimento, com cenas violentas. É isso mesmo que você pensou. Acabamos introjetando tanto essa cultura, aceitando essa performance, que passamos a desejá-la, sem nem perceber o quão prejudicial e danoso isso pode ser.

Foi aí que eu compreendi que os filmes pornográficos objetificam as mulheres. As relações são sempre rasas e sem conexão emocional. Preliminares não existem. A mulher fica ali, sem voz, parecendo uma boneca inflável que só geme. Nunca pode opinar, nunca quer, e muitas vezes acaba sendo até humilhada e agredida.

Eu não sei se nunca mais vou assistir, não posso afirmar. Eu sou humano e posso ter recaídas. É real quando eu falo que não estou "curado". É bom lembrar disso para alinhar expectativas e projeções.

Hoje tenho uma outra visão a respeito da pornografia, uma visão mais crítica. Talvez conseguisse enxergar com outros olhos. Talvez nem me excitasse mais... Mas acho que nem vou tentar. Prefiro não ver.

E você, quando foi a última vez que assistiu a um vídeo pornô?

A MAIORIA DOS HOMENS NÃO CONHECE O PRÓPRIO CORPO, NÃO TEM CORAGEM NEM DE LAVAR O PÊNIS, ENTRETANTO, QUER COLOCAR NOS HORMÔNIOS A RESPONSABILIDADE POR NÃO CONTROLAR OS IMPULSOS.

Sou casado mas não tô morto. Essa frase eu lembro de ter falado bastante quando era adolescente. Só lembrando que minha adolescência se estendeu até meus 37-38 anos. Eu nem sei bem o que falar sobre isso, a única coisa que me vem à cabeça é como nossa estrutura de relacionamentos está em ruínas. Vejo tantas e tantas relações baseadas em conveniência - social, emocional, financeira...

Sobre os homens traírem mais que as mulheres, minha sensação é que traições estão cada vez mais comuns, ou simplesmente não estão mais tão veladas, ou talvez a gente recém tenha começado a falar sobre isso. Vi uma pesquisa da Mosaico 2.0, ligada ao Instituto de Psiquiatria do Hospital das Clínicas da USP, que diz que 50% dos homens admitem já terem traído. Já as mulheres, 30% dizem que traíram.

O fato é que os homens sempre traíram e isso era muito naturalizado (pelo menos desde o começo do patriarcado e da monogamia compulsória). É como se a traição fosse uma necessidade masculina para comprovar a virilidade dos homens. Uma falácia! Mais uma das mentiras do machismo. A maioria dos homens não conhece o próprio corpo, não tem coragem nem de lavar o pênis, entretanto, quer colocar nos hormônios a responsabilidade por não controlar os impulsos.

E você já reparou o quanto de machismo existe quando é a mulher quem trai? Aos homens a naturalização, às mulheres a guilhotina...

E agora tanto se fala em amor livre, só que isso é um pleonasmo. Amor é livre. É sua definição. Não existe outro jeito de amar que não seja em liberdade. Amar livremente não significa que temos que nos envolver amorosamente com várias pessoas. Podemos passar a vida em um acordo monogâmico e com liberdade. Todo o resto que construímos sobre relacionamentos, o que nos disseram sobre "fazer o tipo", "cozinhar a menina", "não dar no primeiro encontro", tudo isso é resultado de uma sociedade que nunca conheceu o amor. Podemos até ter vivido relações afetuosas, mas sempre com controle, ciúmes, cerceamento, chantagens emocionais.

O que precisamos, para amar livremente, é ter abertura entre os casais, espaço para diálogo, para falar sobre a relação, definir quais acordos fazem sentido, renovar esses acordos constantemente e, se em algum momento fizer sentido mudar, rever o que foi combinado. Chega de monogamia compulsória, sem conversa, com traições por baixo do tapete, com desonestidade e desrespeito.

Nós merecemos conhecer o amor pleno. E isso dá trabalho, exige comprometimento, envolvimento e respeito pelas individualidades do casal.

△

Eu acredito que quando as máscaras caírem, tenderemos a viver em uma sociedade majoritariamente bissexual, ou então não-binária. Isso te assusta? Vejo que nos relacionaremos e amaremos pessoas, almas - não apenas órgãos genitais.

Até porque eu posso ter uma orientação heterossexual e ter momentos em que sinto atração por outro cara. E eu posso ter uma orientação homoafetiva e momentos em que sinto atração pelo sexo oposto. Qual é o problema disso? A cultura muda, as mentes se expandem, nós somos uma nova geração.

Hoje nós sabemos que o falocentrismo - esse pensamento de que o homem é o maioral, de que o pau é o centro do universo -, constrói uma visão distorcida entre homens e mulheres, e de que isso é ruim para todo mundo. O poder do falocentrismo (ou pêniscentrismo), está caindo, junto com outros tabus impostos pela sociedade patriarcal.

Jesus Cristo, meu guia espiritual, foi e é o grande mestre da nossa dimensão, com forte influência dentro da cultura ocidental. Ele nunca falou sobre amar apenas uma parte das pessoas, ou amar orientado pelo sexo biológico. Ele falou *amai o próximo como amamos a nós mesmos*, independente da cor, classe, profissão, orientação sexual ou religião.

Jesus era um homem evoluído, que via além do que a maioria das pessoas via e, por falar sobre a libertação desse pensamento, foi crucificado em local público. Hoje sinto que devo honrar suas palavras e fazer como ele fez: dizer minha verdade ao público, sem medo de ser julgado por isso.

A cada texto que escrevo, sinto-me cada vez mais livre.

Sei que ainda tenho muito a trabalhar, especialmente no que diz respeito à minha sexualidade.

Eu já senti atração por homens, e isso era um peso enorme para mim. Depois que expus isso publicamente pela primeira vez, um processo de quebra de meus próprios preconceitos se iniciou. E quando isso acontece, não tem volta. É como uma série de dominós, que vão derrubando uns aos outros.

Quando tiramos de dentro aquilo que nos faz sentir vergonha, culpa ou medo, ficamos mais leves, e nos tornamos mais verdadeiros com nós mesmos.

Seguirei nessa jornada com amor e devoção.

Eu não caibo mais nessa armadura...

A RAIVA É TÃO MASCULINIZADA QUE, QUANDO UMA MULHER FICA COM RAIVA, É CHAMADA DE AGRESSIVA, HISTÉRICA, ETC.

O que eu vejo, generalizando, é que o homem cis heterossexual não se sensibiliza muito com feminicídio, homofobia, misoginia... Ele vive na sua bolha autocentrada e não se comove porque aprendeu a ser durão e frio. Ele não consegue nem se sensibiliza pelos próprios traumas de infância, então como vai fazer isso pelos outros?

Todo homem nasce com os sentimentos aflorados, já nascemos chorando. Aos poucos, com a criação machista, perde-se a capacidade de sentir qualquer coisa que não seja raiva, a única emoção considerada máscula o suficiente. A raiva é tão masculinizada que, quando uma mulher fica com raiva, é chamada de agressiva, histérica, etc. O que acontece na verdade é que o homem, que não consegue sentir nada além de raiva, quer que a raiva seja "só dele".

O problema é que a raiva, quando não expressada de forma saudável, vira violência. Contra o outro, ou contra si mesmo. É preciso que nós, homens, acordemos para a realidade de que nesse sistema machista não existem ganhadores, somente privilegiados, e que mesmo esses privilegiados estão perdendo, pois acabam virando pessoas violentas ou potenciais suicidas.

É sempre bom lembrar das estatísticas de suicídio - 80% cometido por homens -, que falam sobre essa miséria humana, sobre esse vazio, essa dor que percorre o corpo. O suicídio é a segunda principal causa de morte entre jovens de 15 a 29 anos.

Pesquisando sobre alguns dados, descobri uma coisa que eu não sabia. Um estudo da OPAS (Organização Pan-Americana da Saúde) concluiu que, para cada 100 meninas que nascem, chegam ao mundo 105 homens. Isso mesmo, esse levantamento demonstrou que nascem mais meninos do que meninas. E esse mesmo estudo mostrou que, quando analisamos as pessoas com 80 anos, existem 190 mulheres para cada 100 homens. O machismo está matando muitos homens. Suicídios, assassinatos, negligência com a própria saúde, violência, etc. O machismo é um jogo no esquema "perde-perde".

Só não podemos desanimar, porque o fato desse assunto estar tão em voga demonstra que estamos vivendo um tipo revolução da consciência, no sentido do surgimento de uma sociedade baseada no respeito às escolhas individuais, baseada na equidade de gênero, raça, orientação sexual e tudo que ainda está tão distorcido. O fato de você estar lendo esse livro mostra que quer estar consciente, que quer mudar.

E esse movimento está crescendo, precisa crescer. Para cada homem que decide sair do jogo do machismo, que venham outros cinco homens. Para que possamos sentir, nos sensibilizar, conhecer a nós mesmos. Que cada pessoa que já acordou desperte outras tantas, pois só assim vamos construir o mundo que queremos - juntos e juntas.

ATÉ ONDE O DINHEIRO VAI DOMINAR NOSSAS
VIDAS, DETERMINANDO ATÉ MESMO A
MANEIRA COMO NASCEMOS?

Recomendo muito o documentário "O Renascimento do Parto". Existem 3 edições, com enfoques distintos, que retratam a realidade sobre parto e nascimento no Brasil, apresentando depoimentos de pessoas que viveram situações controversas e violentas, naquele que deveria ser um momento grandioso na história de uma família. Além disso, as profissionais do movimento de humanização do parto e nascimento trazem dados, informações e estatísticas acerca do tema.

Por exemplo: uma em cada quatro mulheres brasileiras é vítima de *violência obstétrica* no parto. A violência obstétrica é violência de gênero. E de raça: mulheres negras sofrem ainda mais no momento do nascimento de seus bebês. Violência verbal, intimidação, procedimentos dolorosos desnecessários, machismo na sala de parto, invasão... A tudo isso, e mais um emaranhado de coisas, dá-se o nome de violência obstétrica.

O primeiro filme da série mostra como o sistema obstétrico tradicional ludibria as mulheres e as convencem a realizar seus partos por meio de cirurgia cesariana, que, quando não bem indicada, aumenta as chances de complicações, morbidade e mortalidade materna e infantil. Esse *direcionamento* acontece porque as cesáreas são mais *rentáveis* para os médicos e hospitais, podem ser programadas e são rápidas: não consomem um dia inteiro de disponibilidade do profissional de assistência ao parto. Em resumo, são mais fáceis para os profissionais - a grande maioria deles, homens.

A série documental evidencia a falta de cuidado com as mulheres e com os bebês no momento em que nascem. A família recebe um tratamento no estilo "linha de produção", onde tudo precisa ser rápido, para não desestabilizar o *andamento da agenda*, atendendo a um número maior de pacientes, com mais organização e controle. Um parto normal (vou usar esse nome antes que se comece a dizer que a cesariana que é o normal) exige muito mais disponibilidade dos profissionais, pois pode durar horas. Ou seja, se ganha mais dinheiro fazendo uma cesárea atrás da outra do que acompanhando um único parto normal.

Além desses pontos críticos, a narrativa apresenta a beleza natural do corpo da mulher, em pleno funcionamento nos partos normais e naturais. Esse modo de parir é, para a grande maioria das mulheres e seus bebês, a melhor opção.

O filme também traz histórias sobre o SUS que, com investimento humano adequado e algumas iniciativas de infraestrutura, pode dar ainda mais certo. Por fim, fala sobre a realidade dos partos domiciliares, que são comuns em muitos países de primeiro mundo, melhorando os índices de saúde das mães e dos bebês.

Cirurgias cesarianas salvam vidas, mas precisam ser bem indicadas. Do contrário, aumentam os riscos de complicações para mães e bebês. O Brasil é o campeão mundial em cesarianas. Segundo dados da Organização Mundial da Saúde, cerca de **55%** das mulheres têm filhos pela via cirúrgica, chegando até **98%** em alguns hospitais da rede suplementar, sendo que a taxa aceitável para índices de segurança é de aproximadamente 15%. Me pergunto: até onde o dinheiro vai dominar nossas vidas, determinando até mesmo a maneira como nascemos?

Por trás desses índices espantosos há uma estrutura misógina e patriarcal que, aos poucos, com iniciativas como "O Renascimento do Parto", fica visível em detalhes. Se quiser ter um filho ou filha, pergunte-se: de que forma você quer ver esse bebê nascer? Como você espera que o mundo receba esse ser e o acolha?

Para mudar o mundo, antes é preciso mudar a forma de nascer, como muito bem afirma *Michel Odent*, obstetra francês, pai da humanização.

PARTE 3

ESPIRITUALIDADE
CONECTANDO COM O DIVINO

O AMOR NÃO É PARA SER PENSADO,
MAS PARA SER SENTIDO.

Uma vida sem sentir, uma vida sem sentido.

A forma como os meninos são educados cria homens abusivos. A responsabilidade de transformar esses padrões disfuncionais, enquanto adultos, é de cada um de nós. Ninguém pode percorrer esse caminho por você. Eu fiquei muito tempo culpando meu pai pelos meus comportamentos. Um dia me caiu a ficha que ficar nesse vitimismo não estava resolvendo meus problemas. Fui atrás de ajuda para começar as minhas mudanças.

Enquanto seguirmos reprimindo nossas emoções e sentimentos, seguiremos nos comportando (mesmo que apenas no nível mental) de forma sexista e olhando para mulheres de forma objetificada.

E continuaremos vivendo uma vida mental, presa na mente compulsiva, em busca de um alívio que jamais encontraremos fora de nós, tendo que recorrer aos subterfúgios contemporâneos: drogas ilícitas, álcool (também é droga), pornografia, internet... Tudo isso para fugir do sentir.

Nos últimos anos venho trilhando um caminho em busca de mais sentido. Já realizei mais de 100 workshops para homens com a proposta de desconstruirmos, juntos, as amarras patriarcais que nos deixam presos em máscaras e comportamentos tóxicos, os quais nos impedem de sentir emoções e sentimentos, restando apenas uma vida mental e pobre.

Eu falo com absoluta certeza: enquanto não aprendermos a lidar e sentir nossas emoções, não conseguiremos chegar nem perto de vivenciar o que somos em essência - o amor incondicional manifestado dentro de um corpo humano.

Lembre-se: o amor não é para ser pensado, mas para ser *sentido*.

∇

Eu comecei a viver há dois anos, quando eu comecei a sentir.

É muito louco quando percebo que comecei a viver há dois anos.

Eu poderia substituir a palavra viver por sentir.

Quando resolvi abrir minhas gavetas secretas, especialmente no que diz respeito aos meus traumas de infância, minha sexualidade e meus medos, comecei um processo de clareamento interno, de acender luz sobre as sombras que me habitam.

Decidi me apropriar de minhas vulnerabilidades, a expor a *minha* verdade, a entender que sentimentos não são coisas de gente fraca, e que, aliás, não existe gente fraca.

Eu não sou alguém, eu sou algo, sou uma alma.

Eu sou.

Essa frase "Eu Sou", que está presente em meditações canalizadas por mestres indianos, é das frases mais profundas que conheço. Me lembra das palavras de Jesus, quando ele disse: "Eu sou a verdade, a vida e o caminho".

Há tanta profundidade nessas palavras que, para vivenciá-las em todos os níveis da nossa condição humana, temos que percorrer o mais longo caminho que todos nós percorremos: o caminho de exatos dois palmos de mão, da mente até o coração.

O AMOR É UNIVERSAL E PLURAL.

Jesus Cristo falou "Amai o próximo como a ti mesmo". Não falou sobre amar os católicos, nem os evangélicos, nem os heterossexuais, nem os judeus, nem os brancos, nem só os homens...

Alguns dizem que Jesus era judeu, outros dizem que o amor era sua religião, mas eu acredito que ele não tinha religião, porque JC era a própria manifestação do amor.

"Religião" é um termo do latim que significa "religar, unir/atar com firmeza". No entanto, algumas pessoas que se dizem "religiosas" costumam ser também muito preconceituosas.

Vamos acordar para as *verdadeiras* palavras de Jesus Cristo, esse grande homem que passou por aqui há mais de 2 mil anos.

Deus não castiga; o sexo é sagrado; as mulheres não nasceram para servir aos homens; gays, bissexuais e transexuais não são errados, nem doentes... Basta!

É através do amor que Deus se manifesta na nossa dimensão. E o amor é universal e plural.

Sejamos todos nós, assim como Jesus foi, a própria manifestação do amor.

Δ

▽

Eu sempre gosto de lembrar da redenção ao ter encontrado meu caminho.

Já estive no fundo do poço e aprendi o caminho de volta.

Além de tudo o que essa experiência trouxe para mim, ainda me fez ajudar outras pessoas. Essa foi a coisa mais altruísta que sinto ter feito na vida.

Existem muitos meios da gente afundar, todos fazemos escolhas erradas, escolhemos caminhos tortuosos, atropelamos pessoas, falhamos... Somos humanos! Porém, todos temos a chance de nos redimirmos e existe um belo caminho de retorno que envolve, antes de mais nada, assumir nossos erros, nos responsabilizar por nossas ações, pedir perdão - sair do modo "piloto automático".

Chega de fingir que está tudo bem, de mentir para si mesmo.

Se livra dessa máscara, desse falso lugar de poder e de controle e perceba o que está por trás disso tudo.

Encontre você, se desamarre e se abrace...

Força, meu camarada!

Percebi em mim um olhar constante para aquilo que falta.

Já estive no fundo do poço, vivendo uma vida profissional longe do meu coração e mergulhado em drogas. Vivi até os 30 e poucos anos completamente na baixa autoestima. Fui uma pessoa muito travada e insegura na infância, adolescência e no início da vida adulta.

Hoje eu vivo meu propósito espiritual. Meu trabalho é parte essencial da minha vida. Sinto o universo se abrindo para mim, ou melhor, eu me abrindo para o universo e para a prosperidade. Percebo isso acontecendo agora, enquanto escrevo este texto.

Passei muitos anos com uma relação difícil com meu pai, e, há um ano e meio, no que pareceu um milagre, tudo se dissolveu. Mas esse é assunto para um outro texto.

O que quero te dizer agora é que, no meu processo de transformação pessoal, percebi meu olhar direcionado muitas vezes para o que me faltava.

Faltava largar o tabaco, faltava ter certeza que a maconha ficou no passado, faltava eu me harmonizar com minha mãe, faltava eu realmente aceitar a prosperidade material e financeira, faltava eu me iluminar, etc etc etc e assim por diante.

A história que minha mente me contava era de que, enquanto eu não *conquistasse* tudo isso, eu não seria aquilo que está em minha essência, não poderia viver plenamente a felicidade dentro desse corpo físico.

Eu queria conquistar o que faltava. Porém, esqueci de celebrar o que eu tinha. Quem nunca?

De agora em diante, escolho viver o meu processo de autoconhecimento de forma mais inteira: atento ao que quero, mas também grato pelo que já fiz, por quem me tornei.

E sabe, parece que falta um final nesse texto... E tudo bem. Escolho parar aqui e celebrar o que já escrevi!

MORRI, RENASCI E COMECEI O PROCESSO DE VIVER MINHA VERDADE.

Muita gente pensa em suicídio. Se você for uma dessas pessoas, saiba que não está só. Isso, geralmente, traz um alento.

Há dois anos, quando cheguei no meu limite e pensei que fosse morrer, meu desejo mais sincero foi: *quero fazer essa passagem mais leve, vou botar para fora toda essa angústia que guardei a vida inteira.* Foi então que comecei a escrever e falar sobre minhas dores. Ali eu morri, renasci e comecei o processo de viver minha verdade.

E por que tem tanta gente nesse ciclo de depressão, angústia e desespero? Estamos vivendo um momento de transição entre gerações, com muito acesso à informação, bombardeados pela falsa realidade das redes sociais e sem identificação com o que é real ou não. Nossas sombras estão emergindo, e temos muita dificuldade para lidar com elas. Sentimos medo da exposição, do julgamento alheio e do cancelamento, mas, ao mesmo tempo, estamos absolutamente expostos e vulneráveis. Um paradoxo.

Vivi isso intensamente e fui um potencial suicida. Ainda sinto medo, no entanto, a cada texto que eu escrevo sobre meus processos internos, me sinto mais leve.

O melhor que podemos fazer por nós mesmos é sermos verdadeiros com o que sentimos. Parte disso é colocar para fora - seja escrevendo, conversando, fazendo terapia - o peso que carregamos dentro de nós. Por trás dos sorrisos de mentira, por trás das tantas máscaras que usamos socialmente, todos têm um coração que bate sem parar.

A vida passa rápido. Viva!

PS: Se você está com pensamentos de não querer viver, procure por grupos de apoio ou ligue para 188, *Centro de Valorização da Vida.*

NÃO SOU HOMEM, ESTOU HOMEM.

Você tem certeza absoluta que sabe o que é sentir amor?

Essa é para te *relembrar* o que, em algum lugar aí dentro, você já sabe: somos seres espirituais encarnados em corpos físicos.

Encarnei em um corpo masculino. Me percebo e sou percebido como homem. Um homem de pele branca e cabelos loiros. Tenho a consciência do privilégio social de ter um corpo assim. Mas não sou homem, estou homem. No momento estou heterossexual, estou terapeuta holístico e facilitador de cura pelo Poder Criativo Divino, que atua através de mim.

Minha essência é o que sempre fui e sempre serei. Acredito na imortalidade da alma, na verdade, no caminho, na realidade invisível aos nossos olhos. Eu sou o que você é. E somos um, a separação é ilusão. Eu sou Deus, e melhor ainda, Deus é quem me É.

O sofrimento não cessará apenas pela vontade mental. Há de se encontrar, dentro de nós, partes que estão apegadas e não querem largar esse sofrimento, porque o sofrimento alimenta o ego e este alimenta o sofrimento. É um círculo vicioso, um ciclo que se retroalimenta.

Em algum momento, precisaremos dar um passo de humildade, reconhecendo que precisamos de ajuda, que sozinhos não somos capazes de dar conta de tudo.

Esse é o primeiro passo da transformação pessoal, da transmutação de nossas dores. E sei, pela minha experiência, que tem muita gente que nem sabe que está infeliz, porque está anestesiada nos condicionamentos sociais, afogada no raso. No entanto, a mente é profunda, cheia de aspectos densos e que exigem um mergulho intenso para fugir do senso comum.

O segundo passo, depois de reconhecer que precisamos de ajuda, é buscar essa ajuda. E hoje temos à nossa disposição uma infinidade de ferramentas. Livros, terapias, amizades, meditação... Praticar o autoconhecimento, através dessas ferramentas, é o caminho para a libertação do sofrimento. O caminho para sentir amor.

Caso não tenha grana para investir, procure saber, junto ao Sistema Único de Saúde de sua cidade, quais programas de saúde mental estão disponíveis. O SUS oferece terapias integrativas para todos. Além disso, existem muitos programas e iniciativas não governamentais para promover o autoconhecimento.

Já é tempo de voltarmos a sentir amor no dia a dia. Mas, você sabe o que é o amor? Não me refiro ao amor romântico dos filmes, novelas e da publicidade. Tirando fora esse *amor comercial*, eu te pergunto: você tem certeza de que sabe o que é o amor?

Onde você sente ele no seu corpo? Como é *sentir* amor?

NÃO TEM PREÇO TER DESCOBERTO O MEU PROPÓSITO, TER TEMPO PARA DESCOBRIR E DECIDIR QUEM EU SOU.

Segue o coração e confia, tudo que você precisar, o universo vai trazer, o mundo precisa de gente com disposição e coragem de SER FELIZ.

Deixa eu te contar do dia em que eu pedi demissão. Quando penso nesse dia, me lembro do medo: de não dar certo, de não conseguir, de não ter dinheiro, do julgamento das pessoas, de fracassar profissionalmente, de não encontrar o tal caminho do coração e de passar uma vida inteira frustrado. Medo, medo, medo. O que mais me pegava era o medo do impacto financeiro. Meu pensamento era "Antes de pedir demissão, vou esperar essa sensação passar um pouco". Mas ela só aumentava, e eu não entendia nada. Hoje eu vejo que esse medo, na verdade, era também o de ter uma vida de mentira, na zona de conforto, tentando suprir as expectativas alheias e vivendo uma vida sem propósito.

Desde que me demiti, já foram muitos obstáculos, muitos altos e baixos. Quem me acompanha há mais tempo sabe dos perrengues que eu já passei e que decidi compartilhar nas redes sociais, em nome da minha transformação, e pela tentativa de tocar tantas outras pessoas que vivem as mesmas dores em silêncio.

Não sei sobre o amanhã, porém percebo que, com o tempo, com os textos, com o trabalho que venho desenvolvendo, venho relaxando. Ando mais calmo. Sei que vão surgir outros obstáculos, novas quedas, mas não me arrependo um dia sequer de ter feito a escolha que eu fiz. Nenhum dos dias difíceis que eu tive nessa transição profissional foram piores do que o tempo regresso, onde eu tinha um salário legal, um carro legal, um apartamento legal, só que vivia um mês por ano. O resto do tempo eu sobrevivia e buscava me anestesiar ao máximo, seja com maconha ou com os remédios tarja preta, contando os dias para chegar logo as férias.

Hoje em dia, geralmente não sei que dia da semana é. Costumo dizer que para mim é sempre sábado, dia de fazer o que a gente gosta. Trabalho mais que antes, ainda assim, com bem menos pressão. E essa história de que seguir o coração é sinônimo de vida escassa é uma bobagem. Vida escassa é vida vazia, vida sem propósito, sem brilho, sem amor pelo que a gente está construindo. Não tem preço ter descoberto o meu propósito, ter tempo para descobrir e decidir quem eu sou.

Eu reconheço que esse é um lugar de privilégio nessa sociedade capitalista, em que o que sobra para grande maioria das pessoas é trabalhar para sobreviver. Porém, na medida do possível, busque seguir o caminho do coração. Escutar ele é o que dá disposição e coragem para gente *ser feliz*.

COM A NECESSIDADE BATENDO NA PORTA,
PASSEI A HONRAR MAIS MEU TRABALHO, MEU
DESENVOLVIMENTO, MEUS ESTUDOS E
ACEITAR O QUE RECEBO EM TROCA
DESSA DEDICAÇÃO.

Há 8 anos, no primeiro *satsang* (Encontro com a Verdade) desta minha vida, no espaço *Arte de Viver*, lembro de um instrutor pedindo uma contribuição financeira para ajudar a casa. Me senti dentro de uma Igreja com alguém me pedindo um dízimo. Nada contra as igrejas receberem contribuições, acho justo se for para usar o dinheiro com consciência.

Eu sinto que na *inconsciência coletiva* existe uma crença de que trabalho espiritual e dinheiro não combinam. Como se o dinheiro fosse algo "sujo" e a espiritualidade algo "limpo", e ambos não pudessem conversar. Porém, o dinheiro é só uma forma de energia, por isso a constatação que faço é que o dinheiro não é o problema, mas sim a forma como ele é usado. Use-o com consciência, sem a necessidade de explorar ou enganar ninguém, e terá uma energia positiva em suas mãos. Use-o para fazer mal aos outros ou ao planeta e terá uma energia negativa consigo.

A provocação é para trazer reflexão. Trabalho é trabalho e merece remuneração. O dinheiro precisa começar a fluir, cada vez mais, para mãos de quem está construindo possibilidades mais amorosas e verdadeiras de viver, sem o acúmulo da lógica capitalista. São pessoas que propagam o amor que vão e já estão fazendo a revolução acontecer. E é bom que seja rápido, antes que seja tarde demais para nós.

Fiquei bastante tempo usando a máscara do desapegado/humilde/iluminado. Daquele que não precisa de dinheiro. E percebi que esse é um lugar de muito privilégio.

Em um momento da minha vida, cheguei no fundo do poço, financeiramente falando. Passei alguns meses comendo arroz e ovo porque era o que dava. A falta de opções me doeu bastante. Com 38 anos, no começo de 2017, eu estava assim.

Com a necessidade batendo na porta, passei a honrar mais meu trabalho, meu desenvolvimento, meus estudos e aceitar o que recebo em troca dessa dedicação. Negar tudo que o universo me oferecia com um "não, tô de boa", não passava de uma atitude arrogante diante das múltiplas realidades do mundo. A parte boa é que eu tirei essa máscara, me abri, e tenho aceitado o retorno da minha dedicação e trabalho.

Hoje eu estou mais aberto para o dinheiro. Ainda passo por algumas dificuldades, e vou fazendo ajustes todo mês. O trabalho começou a fluir melhor, alguns trampos foram muito bons de grana. Estou investindo no meu desenvolvimento e em projetos que me tragam retorno financeiro, sempre visando a elevação da consciência.

O dinheiro é energia. Se você juntar ele com amor, a energia amorosa se expande.

A RESPONSABILIDADE PELA MANUTENÇÃO
DESSE MACHISMO QUE VIOLENTA, LIMITA
E INTERROMPE VIDAS É DE TODOS,
ESPECIALMENTE DE NÓS, HOMENS.

Eu nunca sei se um *insight* é realmente um *insight*, porque sempre que eu tenho um, eu penso "nossa, é óbvio isso".

Das trocas recentes com algumas queridas amigas, me veio uma dessas coisas óbvias quando falamos sobre machismo e a busca por igualdade. Delas já recebi músicas que me fizeram chorar, apoio amoroso e poesias lindas, dessas que vem lá do fundo da alma. Creio que a cura mesmo vai acontecer quando lembrarmos que eu ESTOU homem e você ESTÁ mulher, mas será que isso não pode mudar? Será que estamos vivendo nossa sexualidade plenamente? E se estivermos, isso é permanente?

Eu acredito em outras vidas... Quem será que nós já fomos anteriormente? Que marcas carregamos disso? É, talvez nem seja assim tão óbvio.

Eu nasci há 38 anos num mundo que coloca o homem como um ser superior que não pode sentir ou demonstrar sentimentos, onde a mulher é um mero objeto sexual, um ser inferior; e que os homens gays são um erro da natureza. Essa estrutura patriarcal resiste há mais de 5 mil anos. E é constituída por todos nós que estamos aqui hoje, que estamos homens e mulheres.

A responsabilidade pela manutenção desse machismo que violenta, limita e interrompe vidas é de todos, especialmente de nós, homens, que acabamos nos privilegiando nesse sistema, assumindo um lugar de poder, mas que também nos oprime e não nos permite ser verdadeiros e íntegros. Portanto, desconstruí-lo e criar um novo paradigma de liberdade e amorosidade, respeito e dignidade, é uma demanda urgente, que requer engajamento e comprometimento de todos nós, homens e mulheres. É importante estarmos unidos por uma sociedade justa e igualitária, em comunhão com o amor e o respeito pelo próximo. As mulheres já estão bastante engajadas nessa missão. Nosso papel é acompanhá-las nessa enorme transformação. É urgente a necessidade de nos olhar com gentileza e honestidade para desconstruir nossa obscuridade, para integrar nossas vulnerabilidades e, assim, harmonizar nossos lados feminino e masculino. O objetivo é unir a capacidade de manifestação/realização com nossa essência mais amorosa para podermos materializar a espiritualidade, o divino e o sagrado. Continuar seguindo na desconstrução do mal que nos habita para a construção de um consciente coletivo benevolente, respeitoso e humano.

Δ

Penso, logo existo, disse o filósofo, físico e metafísico, René Descartes. Entretanto, essa frase é uma ilusão para mim... Melhor seria: *sinto, logo existo*.

No mundo ocidental somos condicionados a sempre buscar soluções racionais para os problemas. Quem decide é o cérebro, a razão. Se alguma coisa nos deixa angustiados, buscamos resolver a situação com soluções práticas (remédios, por exemplo). No entanto, muitas vezes o que precisamos é silenciar a mente, fechar os olhos, respirar profundamente e aos poucos permitir que esse nó interno se desate.

Não é à toa que o Brasil é um dos países com maior consumo de fármacos calmantes no mundo. Ansiedade é a mente viajando para o futuro. Tristeza e depressão são a mente presa ao passado. Nessa sociedade moderna, a mente não consegue permanecer no presente, e ficamos sem paz.

Escrevo isso porque já usei muitos tipos de remédio e fumava muita maconha. Larguei os medicamentos tarja preta há cinco anos e a maconha recentemente.

Existem caminhos para silenciarmos nossa mente falante, a raiz do nosso sofrimento. Entre outras coisas, uma técnica eficaz é se sentar em uma posição confortável e respirar, de preferência de olhos fechados.

No começo da minha experiência de meditação, quando eu fechava os olhos minha mente ficava ainda mais acelerada. Era bastante desagradável. Isso é uma estratégia de sabotagem do ego, para desistirmos e permanecermos no ciclo do sofrimento. Afinal, é estar nesse ciclo que dá vida ao ego sabotador.

Com disciplina e continuidade, aos poucos, a mente vai acalmando. Ela é como um elefante selvagem, que precisa de treinamento para conviver em sociedade. As experiências que eu tive de silêncio mental total foram, certamente, as melhores experiências da minha vida, e valeram todos os outros momentos de sofrimento.

Para quem é muito ansioso, como era o meu caso, a melhor ferramenta que eu conheci foram as terapias respiratórias, porque usamos uma respiração mais intensa e contínua. O fato de ser uma respiração diferente da que usamos no dia a dia, ajuda a "enganar" nossa mente e, aos poucos, ela vai se aquietando.

Por trás de todo barulho mental, existe um silêncio literalmente divino, um ecstasy melhor dos que eu tomava nas raves.

DESCOBRIR O QUE NOS FAZ BEM, ALIMENTAR O CORPO FÍSICO, CUIDAR DA SAÚDE MENTAL, DESENVOLVER INTELIGÊNCIA EMOCIONAL, PRATICAR A ESPIRITUALIDADE.

Como fazer para ativar o amor próprio?

Vivemos em uma sociedade que nos faz pensar que somos *errados*, que não valemos a pena, que nosso corpo é inadequado e que impõe padrões absurdos e inalcançáveis. Dentro dessa lógica, permanecemos constantemente insatisfeitos e *consumimos para nos sentirmos adequados*. É isso o que o capitalismo espera de nós.

Nesse contexto em que a *imagem* conta tanto, como fazer para acessar o amor próprio? Esse amor é aquele que nos basta, e que vai afastando a carência afetiva, o medo da solidão, a baixa autoestima, a *necessidade de ser aprovado* pelos outros.

Sim, eu quero ter amor próprio, quero me aceitar, mas como? Não existe uma fórmula, no entanto, eu conheço um caminho. Ele passa por descobrir o que nos faz bem, por alimentar o corpo físico, cuidar da saúde mental, desenvolver inteligência emocional, praticar a espiritualidade. A ordem desse "passo a passo" para fazer brotar o amor próprio varia de pessoa para pessoa, porém costuma passar por todos esses pontos.

O ideal é trabalhar todos esses níveis, de preferência todos os dias. Sim, da mesma forma que escovamos os dentes, porque criamos um hábito que nos ajuda a manter nossa energia alta.

Não se apegue a nenhuma fórmula passada por qualquer outra pessoa, nem mesmo por mim! Mas, se vir alguma receita e sentir vontade de testar, experimente e tire suas conclusões. *Assuma a responsabilidade* pela sua vida e pela sua felicidade, isso ninguém pode fazer por você!

Amor próprio envolve autocuidado, saber cuidar de si mesmo, se olhar no espelho e se admirar, estar em paz consigo e com as perfeições imperfeitas que existem em nós.

Ontem eu fiz yoga e fiquei me olhando no espelho e *mantrando* palavras boas. Faça isso, teste. O amor próprio é natural e uma construção. Em uma sociedade que nos diz errados, precisamos primeiro desconstruir os padrões tortos que nos ensinaram. Fazemos isso nutrindo apreço pela imagem do espelho.

Desenvolver amor próprio é um trabalho individual, nenhum remédio, ou pessoa, pode fazer isso por você.

Cuide-se.

APRENDEMOS QUE TRISTEZA E MEDO SÃO
COISAS DE GENTE FRACA.

A raiva toma conta de nós quando não conseguimos expressar nossas dores. Aprendemos que tristeza e medo são coisas de gente fraca. Por isso, quando vem o medo ou a vontade de chorar, ao invés de botar para fora nós *engolimos* essas emoções: o resultado dessa indigestão é a raiva, um sentimento legítimo, impulsionador às vezes, mas que pode gerar descontrole emocional.

Quando sentimos raiva *de alguém*, conscientemente ou não, estamos culpando essa pessoa por alguma dor que existe dentro de nós, com a qual não sabemos lidar. Quando culpamos alguém pelas dores que sentimos, é porque estamos identificados com a vítima que existe dentro de todos nós.

O primeiro passo para se livrar dessa vítima interna, que no mais profundo tem a ver com questões da infância e da nossa "criança ferida", é reconhecermos que ela existe. Isso exige humildade e autorresponsabilidade.

Esse tema me lembra de um relacionamento que vivi há alguns anos, em que eu estava completamente apaixonado, só tinha olhos para ela. Só que um dia, enquanto estávamos sozinhos em casa, começamos a nos desentender. Foi uma crise de ciúmes, e no auge da confusão essa ex-namorada me deu *quatro socos na cara*. Minha primeira pergunta interna foi: *o que foi que eu fiz para isso acontecer?*

A parte boa é que eu não tive um instinto de reagir. Percebi naquele momento que meu trabalho de autoconhecimento estava realmente fazendo efeito em mim. Eu poderia estar na prisão agora. Obviamente ficaram mágoas e dores para serem trabalhadas. Estou olhando para mim, sem vitimismo, sem autopiedade, para poder me acolher.

Mas se não pudermos admitir, que seja para nós mesmos, que existe esse *self* vítima, que necessita de atenção e validação, preso em nós, sinto informar que o processo de autoconhecimento não avança e o ciclo do sofrimento segue no comando de nossas vidas.

Para finalizar, deixo essa reflexão: você reconhece a vítima dentro de si? Uma parte sua que está *apegada* ao sofrimento? Converse sobre isso com alguém que você confie.

△

O patriarcado criou Deus à imagem e semelhança do homem. Hétero e branco, por sinal. E então nos ensinaram a temer a Deus.

Por isso tanta gente resiste à espiritualidade e/ou religiosidade. E também à Cristo. E à Inteligência Amorosa Universal, a fonte de tudo que É.

Um dia caiu essa ficha: a imagem que eu tinha construído desse Deus era a mesma de um homem ordinário, tóxico, um reflexo da heteronormatividade e da branquitude. Essa imagem serve (ou serviu) para nos manter no estado de dormência, sem criticar. Se Deus é assim, homem e branco, quem sou eu para questionar o patriarcado?

Deus, *Deus de verdade*, não julga, portanto, não condena. Ele (ou Ela) nunca falou que quem se divorcia vai para o inferno. Nem sobre homossexualidade. Nada sobre superioridade branca.

A interpretação bíblica não pode ser tirada do seu contexto histórico e interpretada à revelia. Mas é. E muitos e muitas ainda acreditam nas mentiras que aproveitadores contam.

Jesus Cristo não era um homem loiro de olhos azuis, como mostra a imagem mais popular do Google e das igrejas. Pense bem, Jesus viveu na região da Palestina... Questione o que você aprendeu, seja crítico.

O sistema patriarcal quer o povo com medo de Deus, porque quem tem medo questiona menos e consome mais, para amenizar o vazio de se viver uma vida com medo.

NÃO JULGUE AS PESSOAS ATRAVÉS
DA SUA RÉGUA MORAL, ELA NÃO
SERVE A NINGUÉM.

Meu caro navegante, não se veja como um pecador, porque pecado está relacionado a um julgamento moral, inventado pelo ser humano, indicando o que é certo ou errado, numa perspectiva maniqueísta e punitivista. Todo julgamento vem do nosso ego invejoso e manipulador.

Não considere o sexo sujo ou pecado. O sexo é a manifestação da vida, é a força criadora.

Não seja homofóbico, misógino, racista, transfóbico, capacitista, nem machista. A vida é para ser vivida de forma honesta, plena e livre... Condene a miséria, a fome e a injustiça. Despreze o ódio, o desamor e a violência.

Não julgue as pessoas através da sua régua moral, ela não serve a ninguém. Se for para dar conselhos a alguém, fale sobre como você mesmo enfrentou um desafio parecido ao da pessoa que você quer ajudar.

Deus, o universo, cosmos, consciência divina, seja como você preferir chamar, é a expressão do amor universal, intransitório e imutável. É onipresente e onisciente, está a todo momento em todos os lugares. Deus está na natureza, na diversidade, na pluralidade, no desconstruído, no oprimido, no desajustado, no injustiçado.

Deus não só está dentro de você, como é você e a sua própria essência.

Quando você olha no espelho, o que você vê?

Olhe para si e se imagine ao lado desse Deus que está, o tempo todo, te dando força e amor.

△

Para começar, lembre-se: somos seres espirituais. Não existe um molde a ser seguido. Estamos humanos, homens e corpos físicos. Nessas condições, cada um de nós traz as suas particularidades. O *homem* está doente, já vimos as estatísticas. Para se curar, precisa respeitar o feminino dentro e fora de si. Chorar. Expressar sua sensibilidade, se conectar com sua intuição, honrar sua ancestralidade.

Aprendemos com a sociedade, especialmente com as pessoas mais velhas, que existem "coisas de menino" e "coisas de menina" (com variações, como coisas de mulherzinha, viadinho e outras expressões depreciativas). Dentro dessa crença, tudo o que envolve o feminino é desqualificado, trazendo a mensagem subliminar de que existe um masculino que é superior.

O homem que busca se curar reconhece, em algum momento, que está doente. O sistema o adoeceu. Assim, em algum momento esse homem iniciou um trabalho de se responsabilizar pela sua vida e pela maneira como trata os outros. Esse homem inicia sua *jornada interna sagrada*. O famoso autoconhecimento.

Se existe um homem curado, eu não conheço. Já vi muitas cicatrizes, muitas feridas que estavam abertas e se fecharam. Muitos homens que pararam de trair, de jogar dinheiro fora, que se reconectaram com seus pais, que resgataram a relação com seus filhos.

A cura a que me refiro é quando abandonamos a ideia de que o que é "feminino" não é coisa de homem. O feminino é a base. E é *sexy*. O feminino é o sustento e a força, é a luta e liberdade. É o sangue de nossas mães.

Enquanto seguirmos nessa cegueira machista, continuamos sem conseguir reconhecer nosso lugar de privilégio, permanecemos sendo parte do problema: o sistema opressor, que define o que é coisa de menino ou de menina.

E você, se curou da doença do machismo já? Onde estão suas cicatrizes? Qual é o seu papel dentro do sistema? E se não sabe, me diga: *o que é coisa de menino?*, e eu te direi quem és.

AUTOCONHECIMENTO ENVOLVE, NECESSARIAMENTE, OLHAR PARA AS SOMBRAS, ACEITAR TUDO QUE TEMOS IGNORADO SOBRE NÓS MESMOS E NOS RESPONSABILIZAR PROFUNDAMENTE POR SER QUEM SOMOS.

Achamos que o outro nos incomoda, mas os incômodos são sempre internos.

Se *algo* te incomoda em outra pessoa, provavelmente, dentro de você, esse *algo* existe. Por que se incomodar com o egoísmo do outro, se você é uma pessoa altruísta? Só nos incomodamos com o egoísmo do outro porque, na verdade, o outro nos lembra da parte egoísta que temos em nós.

Se já tiver aceitado/integrado esse *algo* em você, o outro não vai te causar tantos desconfortos.

É bom destacar que aqui não me refiro a valores morais e éticos. Claro que existem coisas que ultrapassam os limites do bom senso e provocam reações dentro de nós. Ao ver um assassinato podemos sentir raiva, frustração, repulsa, mesmo não tendo em nós um aspecto assassino. Sentir é humano, porém podemos escolher que tipos de sentimentos queremos alimentar: prefiro o rancor ou a compaixão? O ódio ou o amor?

Na Bíblia está escrito: "Não julguem, para que vocês não sejam julgados". Outra forma de dizer "você colhe o que você planta".

Quando alguma pessoa me incomoda, procuro perceber qual julgamento fiz dessa pessoa? Que característica dela me causa desconforto? Em que parte do corpo sinto esse desconforto em mim? O que esse incômodo diz sobre *quem eu sou*?

Então eu peço ajuda para meus guias, para que me mostrem um caminho e tragam para minha consciência essa parte de mim que ainda estou negando.

Não vou negar, trazer essas partes negadas para a consciência *dói*. Bate a culpa, a frustração, e com elas vêm o combo do autojulgamento. Mas é assim que começa o meu processo de entrega e auto aceitação, até que eu me perdoe, me aceite e dissolva o que for preciso.

Me olho no espelho do outro e faço do incômodo o caminho para a consciência.

O autoconhecimento envolve, necessariamente, olhar para as sombras, aceitar tudo que temos ignorado sobre nós mesmos e nos responsabilizar profundamente por ser quem somos. Nesses momentos, visualizo que tô acendendo uma luz num quarto escuro, e então sou tomado por uma estranha alegria. A alegria de ser quem verdadeiramente sou, com todos meus defeitos e qualidades.

Leva tempo esse processo.

Tome o seu tempo.

Não pule etapas, siga no ritmo do seu coração. Não esqueça de ser gentil consigo.

Acolha sua dor, aprenda com ela, invista no seu processo. Eu garanto: vale muito a pena!

△

Ontem eu tomei *Ayahuasca* pela quarta vez em cinco anos. As experiências anteriores tinham sido mais sofridas do que prazerosas. Sentia medo de tomar de novo, porém surgiu uma oportunidade aqui onde estou, na cidade de Trancoso. Ouvi meu coração e me joguei. O que aconteceu depois do segundo copo transcende nosso pobre vocabulário, mas vou compartilhar algumas visões. Quem já participou de algum ritual com essa medicina talvez entenda um pouco do que vivi.

Em um determinado momento, eu perdi completamente o controle: tentei resistir por alguns segundos, tentei segurar a *força* porque me assustei, até que aceitei e disse para mim mesmo... *"Vem em mim, me entrego e me abro para te receber".* Eu fechava os olhos, só que sentia de novo o medo de perder o controle. Foi só quando abri mão de tentar controlar que vivi um dos momentos mais *conscientes* da minha vida. Naquele instante, me pareceu claro que a vida é o que acontece quando saímos do controle e confiamos na providência divina, no universo, na nossa fé, em Deus, seja como você quiser chamar.

Na minha infância meu campo mediúnico era muito aberto - eu tinha visões com Jesus quando tinha 6 anos. Fiz uma espécie de tratamento com um padre para fechar meu campo. Porém, sempre fiquei sentindo falta desse contato aberto. Era como se existisse um bloqueio entre mim e o *grande mistério.*

Nesse ritual de ayahuasca, dentro desse momento de muita consciência, eu acredito que incorporei alguma entidade. Senti toda a força que existe dentro de mim, reafirmei que tenho mesmo uma missão especial de ajudar as pessoas a lembrarem não de "quem" somos, mas "o que" somos.

Vou ser sempre grato ao guia do trabalho em Trancoso, aos outros participantes e ao meu mestre, Jesus, pela
guiança, pela proteção, pela presença e por seu amor.

Eu não Sou Deus, Deus é quem me É.

Linda vida. Linda caminhada. Lindo despertar. Que o
Amor desperte em Todos!

A BUSCA POR GURUS ESPIRITUAIS,
CONSIDERANDO QUE A GRANDE PARTE
DELES SÃO HOMENS, É RESULTADO DE UMA
SOCIEDADE PATERNALISTA, QUE PROCURA
ENCONTRAR UM SALVADOR, UM SER ELEVADO
QUE RESOLVA TODOS OS NOSSOS
PROBLEMAS.

Mediunidade é um dom natural de todos os seres humanos. Alguns de nós já têm essa mediunidade aflorada desde criança. Outros têm seu lado mediúnico bloqueado ou não desenvolvido, só que todos nós podemos atingir essa capacidade - isso não sou só eu que digo, mas diversas religiões e estudos.

Sempre é bom lembrar que ter a mediunidade desenvolvida não tem necessariamente a ver com "ser mais espiritualizado". Esquece isso. Eu pensava assim, porém, depois do caso do João de Deus e de tantos outros gurus abusadores, tive certeza de uma coisa: não existe um salvador!

Eu vejo mestres espirituais, como *bengalas* ou *ferramentas,* que nos ajudam a seguir um caminho para sair de um sofrimento psíquico. No entanto, não acredito neles como seres perfeitos ou "elevados". Nem mesmo Jesus Cristo, de quem tanto falo. Sinto que ele se iluminou, mas que em alguns momentos também se rendeu ao próprio ego, como sugere o livro *Cartas de Cristo.*

A busca por gurus espirituais, considerando que a grande parte deles são homens, é resultado de uma sociedade paternalista, que procura encontrar um salvador, um ser elevado que resolva todos os nossos problemas. Estando nessa posição de vulnerabilidade, de querer encontrar esse salvador, as pessoas se tornam alvos fáceis para serem manipulados e até abusados, sem que consigam sequer ter condições para identificar o abuso, por conta da condição de submissão e fragilidade na qual se colocam.

O caso de João de Deus, condenado por uma série de abusos sexuais, expõe uma realidade perversa e comum de ser encontrada: homens nesse lugar de poder (o salvador), que se utilizam disso para abusar especialmente de mulheres, quando estas se encontram extremamente vulneráveis, expostas e confiando profundamente no que é oferecido. Minha dica é: não deposite sua fé em alguém que se autodenomine guru. As respostas para nossas inquietações estão em nós. Esteja sempre alerta. Não entregue sua fragilidade em nome de cura alguma. Somos nós mesmos nossos próprios salvadores.

PARA AMAR O PRÓXIMO COMO AMAMOS A NÓS MESMOS, É PRECISO PRIMEIRO DESENVOLVER O AMOR PRÓPRIO.

Algumas frases e ditos para a reflexão nossa de cada dia: aquilo que eu mais odeio no outro, provavelmente está dentro de mim. Não me refiro a questões de falta de caráter, de ética ou humanidade. Sabe aqueles incômodos sobre comportamentos do outro que nos atravessam? A inveja, a indiferença, a arrogância, prepotência e por aí vai. Porque *quando João fala de Maria, sabemos mais de João do que de Maria.* Dizem que foi Freud quem falou essa frase, porém a vejo como um ditado popular.

Outro que disse uma frase linda foi meu mestre JC: *ame o seu próximo como a ti mesmo.* Jesus falou bonito, e eu completo: para amar o próximo como amamos a nós mesmos, é preciso primeiro desenvolver o amor próprio, e isso só acontece quando integramos nossos aspectos renegados.

Voltando aos ditos de terapeutas famosos, Carl Jung disse que *ninguém se torna iluminado por imaginar figuras de luz, mas sim por tornar consciente sobre a escuridão que nos habita.*

E um bom caminho para isso é saber para onde apontamos nossos julgamentos. O que te incomoda nas outras pessoas? O que no seu pai te gera incômodo? E na sua mãe? Nos seus irmãos, irmãs, amigos, companheiro ou companheira? O que alguém faz que te deixa furioso?

Saiba que o que você aponta no outro, também existe em você. Só que é sempre mais fácil ver os defeitos nos outros do que em nós. Por isso que, em grupos de autoconhecimento, dizemos que somos "espelhos uns dos outros". Quando eu conto minha história, falo sobre meus erros, você consegue ver um pouco da sua história também.

Esse é um exercício desafiador, e requer humildade e muita vontade para se libertar. Requer autorresponsabilidade para assumirmos o que está distorcido dentro de nós.

Fazendo esse exercício, essa prática diária de apontar menos e olhar mais para nossas próprias sombras, vamos aos poucos acolhendo e transformando o que odiamos e reprimimos dentro de nós. Vamos nos preparando para conseguir verdadeiramente amar o próximo, pois aprendemos a amar cada parte de nós. Assim nos ensinaram os mestres, e assim seguimos aprendendo a amar.

REFLEXÕES

VOCÊ CONSEGUE ENCARAR AS SUAS SOMBRAS?

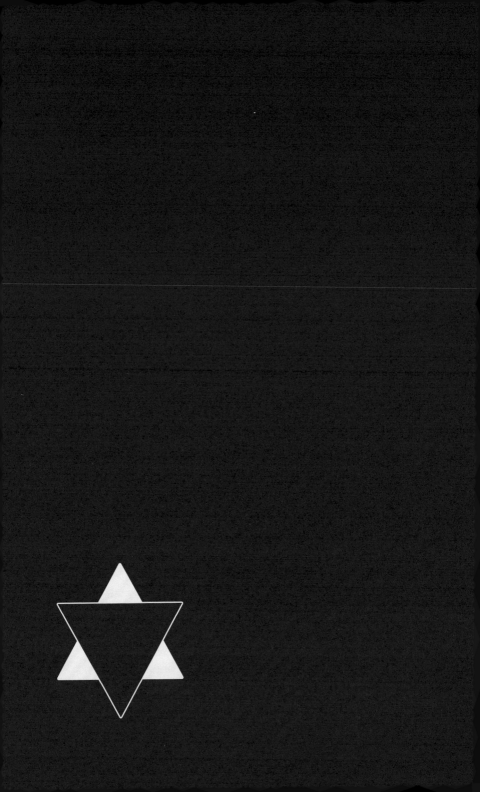

PARTE 4

AMOROSIDADE

UMA NOVA MASCULINIDADE

Imagine um mundo com homens que honram o feminino dentro e fora de si. Que falam, expressam e sentem os próprios sentimentos. Homens que sabem que não são culpados pelo fato de terem sido criados de forma tóxica, mas assumem a responsabilidade de se libertarem dos condicionamentos patriarcais. Que compreendem que chorar é coisa de homem, sim!

Agora imagine que, nesse mundo, os homens veem as mulheres como seres humanos divinos, como pessoas com desejos e vontades iguais aos dos homens, deixando para trás o olhar objetificado, a ideia machista de que existe uma mulher para casar e outra para transar. Nesse mundo respeitamos as diversas orientações sexuais e a liberdade de ser quem as pessoas quiserem ser. Entendendo que isso não é da nossa conta...

E olha só: esse mundo de homens mais abertos aos seus sentimentos e emoções já existe. Ainda somos uma ínfima minoria, porém estamos nos unindo. Não contra os demais, mas a favor de um mundo amoroso e justo para todos os seres humanos, independente de orientação sexual, gênero, cor, raça ou credo.

Boa parte de nós, homens, foi criada de forma tóxica. A estrutura social que nos condiciona é tóxica. Então, nessa visão, não existem culpados além do próprio sistema. Nesse sentido, a responsabilidade de desconstruir esses padrões é de cada um de nós. E você, o que está fazendo para construir esse novo mundo?

O QUE EU MAIS QUERO, DO FUNDO DO CORAÇÃO, É QUE TRABALHOS VOLTADOS PARA A CONSTRUÇÃO DE UMA MASCULINIDADE SAUDÁVEL DEIXEM DE SER NECESSÁRIOS.

Tenho percebido um movimento de *massacre social* com relação a ser *homem cis branco hétero*, como se fôssemos culpados de toda violência que existe. Calma, eu acho super importante ressaltar os nossos privilégios, para que tomemos consciência e possamos mudar isso juntos.

Sei que ganhamos mais, somos menos interrompidos, não somos confundidos com bandidos e nem assassinados pela cor da nossa pele ou pela nossa orientação sexual. Também não figuramos nas estatísticas da violência doméstica, nem somos presos e massacrados como são os homens pretos. Eu sei, é muito privilégio!

Eu tenho total convicção de que, se não acrescentarmos aos discursos sobre a desconstrução do patriarcado a raiz do problema, não vamos muito longe. Então, qual é a raiz do problema? A resposta é fácil: o *poder* dado aos homens - sobretudo, ao homem cis hétero e branco. Desde cedo acreditamos que temos esse poder, o poder da força, da imposição, da dominação. Vivemos fissurados em ter cada vez mais esse poder. É desse apego aos privilégios que brotam os dados que comentei.

O que eu mais quero, do fundo do coração, é que trabalhos voltados para a construção de uma masculinidade saudável deixem de ser necessários. Mas hoje eu estou aqui, escrevendo esse texto, dedicando meu tempo para que alguém leia e se dê conta, mais uma vez, de que precisamos mudar, precisamos ir até a raiz do problema.

Precisamos mudar a educação sexista das crianças, por exemplo. Isso é uma responsabilidade de todos nós. Não só das mães e pais que criam seus filhos, mas também dos amigos, dos profissionais da educação, dos tios, dos colegas de trabalho e tantos outros.

Claro, é mais fácil ficar apontando o dedo e achando

culpados pelo machismo do que olhar no espelho e pensar: *quando eu sou machista?* É tranquilo ficar na zona de conforto, seguindo páginas de carrões e mulheres de biquíni, do que assumir a responsabilidade para que essa *mudança cultural* possa acontecer.

Um menino não nasce machista. Ele se torna. Ele não nasce homem, nós colocamos esse conceito na cabeça dele. Nascemos chorando, nascemos livres. Cada menino que nasce é uma oportunidade de criar um homem que não seja machista, que saiba chorar, dar e receber amor.

△

Quatro distorções que vivemos desde cedo:

O homem cis heterossexual adoece por não demonstrar emoções e acreditar que deve negar sua vulnerabilidade, pois ser vulnerável não é coisa de homem. Então reprimimos nossas emoções. No entanto, em algum momento, elas explodem.

Já a mulher é vista como um objeto sexual, ou, decorativo. Ou é "para comer", ou é "para namorar" e apresentar para família. Elas, por sua vez, são ensinadas a servirem aos homens, e estarem sempre disponíveis sexualmente, recusando seus próprios desejos, porque do contrário, iremos atrás de outras.

Os homossexuais não são vistos como homens. Sempre me lembro da frase: "o fulano é homem, já o ciclano é gay".

Para completar o cenário, o sexo e, especialmete o prazer, são vistos como algo sujo, como se fossem pecados aos olhos de Deus, a menos que o ato sirva para procriar. Pecado é uma criação meramente humana, originada no nosso julgamento, que vem do ego. E por conta dessa crença de que o sexo é pecaminoso e sujo, negamos nossa sexualidade.

Tudo isso não passa, na verdade, de crenças limitantes, que tornam nossa vida um baile de máscaras. Minha vivência é focada na desconstrução das convenções sociais e crenças que permeiam o senso comum, e consequentemente, afetam nossa consciência e forma de agir em sociedade.

Nos grupos de homens que eu conduzo, vejo essas distorções em todas as turmas. Me lembro de um cara que tentou suicídio porque ele achava que era gay. Esse homem foi abusado sexualmente por outro homem na infância, e teve prazer, e por isso achou que era homossexual, chegando ao ápice de tentar tirar a própria vida.

Participando do grupo, ele teve a oportunidade de contar sua história pela primeira vez. Fazer isso foi como tirar um caminhão das costas dele. Além de se colocar vulnerável, esse homem ouviu histórias parecidas, de abuso que os outros caras do grupo sofreram. Falando e ouvindo, ele entendeu que não é gay, e que, mesmo se fosse, não deveria se matar por isso.

Falar e ouvir sobre os traumas é uma chave para desbloquear nossas crenças e começar a mudar as distorções que aprendemos desde cedo.

E a mudança já começou.

O SISTEMA PATRIARCAL QUE NOS NUTRE É TÓXICO.

Nossos pais fizeram o melhor que puderam, agora é com a gente.

Eu sempre falo, e repito: não temos culpa da forma como fomos criados, mas temos responsabilidade por nos transformarmos em quem queremos ser. Ninguém, além de nós mesmos, pode resolver nossas questões. E claro, podemos pedir ajuda. Pedir ajuda é sinal de força, não de fraqueza.

Depois de ter feito mais de 100 cursos sobre masculinidades, compartilho aqui algumas informações e percepções do que vi e vivi. Para os homens que se identificarem com o texto, procurem ajuda. Existem outros cursos terapêuticos para homens e psicólogas/os, os quais certamente podem ajudar muito.

Primeiro: homem nenhum nasce tóxico, somos criados assim por nossos pais, mães e responsáveis porque o sistema patriarcal que nos nutre é tóxico. Eles igualmente foram criados assim por nossos avôs e avós, e assim por diante. É uma cadeia. Quando nós nos curamos e interrompemos esse ciclo, curamos também toda essa cadeia ancestral.

Eu não posso mudar a minha infância, no entanto, com ajuda de pessoas e com disposição minha, posso ressignificar os efeitos daquilo que aprendi e iniciar um novo caminho. Ter novas atitudes.

Quase sempre o homem cresce reprimido emocionalmente pelos pais (principalmente pelo pai, quando ele está lá), através de frases como: engole o choro, não fique com medo, aguente!; você é homem ou não?!... Só que nada disso é "coisa de homem".

Em alguns cursos que fiz, notei que cerca de 10% dos homens já haviam tentado suicídio. Segundo a OMS, em

2019 tivemos um suicídio de homens por minuto.

Grande parte dos caras heterossexuais dos cursos já sentiram atração sexual por outros homens. E não tem nada de errado nisso. Você pode sentir atração por outros caras e continuar sendo homem.

Um dado alarmante: quase metade dos participantes sofreu abuso sexual na infância. Isso sim está errado, embora seja frequente nos relatos dos homens.

Eu amo meu trabalho, porém sonho com o momento em que ele não seja mais necessário. E sonho também em tornar meu curso gratuito e acessível para todos.

Para que possamos, cada vez mais, ser homens por inteiro. Encarar nossos traumas de infância, expressar sentimentos, não ter medo de sentir medo.

Tenho 41 anos e voltei a chorar para valer esse ano. Quando eu choro, me sinto vivo e resgato minha humanidade que estava perdida nessa prisão patriarcal.

Eu sempre falo, e repito: você não tem culpa de ter aprendido a ser machista, mas tem a responsabilidade de se tornar um ser humano melhor.

QUEM NÃO PODE SENTIR E EXPRESSAR UMA
DOR, NÃO CONSEGUE SENTIR EMPATIA.

Mais um tiroteio em escola brasileira.

De novo feito por meninos. Dessa vez, um adolescente e um adulto.

Tem coisa errada nesse *homem* que estamos criando enquanto sociedade.

Por que precisamos pagar, com o custo das vidas de outras pessoas, o fato de que os homens são imaturos emocionalmente e, consequentemente, violentos sem medidas?

Nos mais de 100 workshops que fiz para homens e mulheres, escutei, de quase todos os caras, relatos sobre a castração emocional que viveram na infância. A grande maioria dos casos vem através da educação dos pais, que dizem "engole o choro", "para de chorar", "não precisa chorar", etc. Quem não pode sentir e expressar uma dor, não consegue sentir empatia. Tem homem que reprimiu tanto que, se chora, vomita junto. Ou, se chora, não sai som, para não incomodar os outros.

É uma bola de neve de abusos, a qual vem de gerações e que nós temos ferramentas para interromper.

Enquanto não mudarmos o paradigma limitante de como educamos nossas crianças, seguiremos construindo juntos um sistema opressor.

Ensine que o corpo do seu filho e da sua filha pertence a eles, porque ninguém tem o direito de invadir sem permissão. Fale desde muito cedo sobre consentimento, educação sexual, sobre o corpo deles ser sagrado e merecer respeito. Crianças aprendem com o exemplo, com aquilo que veem, e não somente com o que ouvem. Seja um modelo para seu filho.

O principal exemplo vem de você.

Δ

Para quem ainda tem *dúvidas* sobre a necessidade de revermos o paradigma vigente sobre "o que é ser homem", segue aqui algumas estatísticas apresentadas no documentário *The Mask You Live In (A Máscara em que você vive).* Os dados são sobre os Estados Unidos, mas refletem a realidade de países no mundo inteiro.

Respira fundo que lá vem:

- 1/4 dos meninos sofre *bullying* nas escolas, e apenas 30% contam para algum adulto.
- Aos 12 anos, 34% dos meninos já começaram a consumir bebidas alcoólicas.
- Os meninos, na média, experimentam drogas aos 13 anos.
- 1/4 dos jovens bebe compulsivamente.
- 3 ou mais meninos cometem suicídio por dia nos EUA.
- Entre os meninos, suicídio é a terceira causa de morte mais comum.
- Menos da metade dos homens com problemas de saúde mental buscam ajuda.
- Comparados às meninas, os meninos têm duas vezes mais chances de precisar de reforço escolar, 3 vezes mais de serem diagnosticados com TDAH, duas vezes mais de serem suspensos nas escolas e quatro vezes mais chances de serem expulsos.
- 31% dos homens se sentem viciados em videogames e 90% dos videogames ditos apropriados para crianças acima de 10 anos contém cenas de violência.
- 50% dos pais não conferem classificações indicativas de jogos.
- Aos 18 anos, uma pessoa já viu, em média, 200 mil

atos de violência na tela, incluindo 40 mil assassinatos.

- 93% dos meninos estão expostos à pornografia na internet.
- 68% dos homens jovens consomem pornografia semanalmente.
- 21% dos homens jovens assistem pornografia diriamente.
- 39% dos meninos já viram sadomasoquismo online.
- 18% dos meninos já viram um estupro online.
- A exposição à pornografia aumenta os casos de agressão sexual em 22% e também a aceitação de mitos sobre estupro, como o de que as mulheres querem ser estupradas.
- A cada 9 segundos uma mulher é espancada ou atacada.
- 35% dos homens universitários assumem o desejo de estuprar uma mulher, se soubessem que não seriam pegos.
- Mais da metade dos meninos já sofreram algum tipo de abuso físico.
- 1/6 dos meninos sofre abuso sexual.
- Crianças abusadas e negligenciadas têm 9 vezes mais chances de se envolverem em crimes.
- 90% dos responsáveis por homicídios são homens, quase 50% têm menos de 25 anos.

Como você se sente em relação a esses dados?
Precisamos transformar essa realidade!

△

Todos somos, quando crianças, condicionados a reprimir partes de nós. Os adultos nos ensinaram que algumas coisas são erradas, e outras são certas. *Isso pode, isso não.* Só que esses adultos não sabiam que, quando uma criança nega uma parte de si, fica presa nela. É só olhar os homens adultos: quase todos, quando crianças, foram ensinados a *não* sentir raiva, a *não* bater, a *se controlar.* Olha o que aconteceu com essas crianças. Viraram homens que não sabem lidar com a sua raiva, e por isso vivem presos nela: brigando, provocando, ameaçando.

Tudo que resiste, persiste. Esse é um *sutra* hinduísta, um ditado popular.

Já passou do tempo de aprendermos a lidar com nossos sentimentos. Mano, se você nunca estudou sobre inteligência emocional, estude. Vai atrás. Vai te ajudar em todas as áreas da vida, do trabalho aos relacionamentos.

Quando escolhemos não olhar para nossas feridas, para os hábitos que nos fazem mal, sentimos culpa. Exatamente por achar que existe isso de "certo e errado".

Tudo é impermanente, menos aquilo que somos em essência. A natureza muda a cada instante. Estamos em uma grande pedra, girando ao redor do Sol, viajando pelo espaço. A única força que me leva, além da gravidade, é o amor.

Deus não escreve certo por linhas tortas. Nossa mente que enxerga torto. No mais profundo de nós mesmos está tudo bem...

Faz sentido para você? Percebe algum sentimento brotando aí?

NOSSA CRIAÇÃO É TÃO FRÁGIL QUE APRENDEMOS QUE SER HOMEM, ENTRE OUTRAS COISAS, SIGNIFICA NÃO TER MEDO.

O pacto de silêncio entre os homens tem que acabar. Nossa criação é tão frágil que aprendemos que ser homem, entre outras coisas, significa não ter medo. Mas morremos de medo de falar para nossos amigos aquilo que a gente sente de verdade.

Pensamos e sabemos que não é legal ter uma relação sexual sem consentimento, só que ouvimos nos grupinhos da *brotheragem* alguns amigos estimulando outros a pegar mulher bêbada. Quantas vezes damos risada com a boiada? Temos medo de nos sentirmos excluídos e apoiamos a apologia ao estupro.

Sabemos que mandar nude de mulher, sem o consentimento dela, não é honesto, inclusive é crime. Porém, nos grupinhos, alguns de nós ainda mandam palminhas quando algum zumbi manda uma foto proibida. Temos medo de nos posicionar e sofrer represália.

Tem homem - e eu já ouvi isso - que tem medo dos amigos saberem que está me seguindo nas redes sociais, então evita comentar e compartilhar meus conteúdos, pois os *brothers* podem fazer *bullying*. Isso lá é amizade de verdade?

E tem cara que ainda acredita, por exemplo, que "em briga de marido e mulher não se mete a colher". Na prática a gente sabe que isso só vale até mexerem com a filha, a esposa ou a irmã do camarada aí.

E tem gente branca que acha que o racismo não é problema nosso. Assim como gente hétero que pensa que a homofobia não é da nossa conta. E assim, com uma silenciosa cumplicidade, perpetuamos os ciclos de violência. Mas esse pacto de silêncio entre homens está chegando ao fim.

A cura para toda essa violência só vem quando buscamos autoconhecimento e espiritualidade, porque vamos nos aprofundando dentro de nós em um nível cada vez maior, e começamos a acessar aquela frase que eu evito: "somos todos um".

É importante saber que somos todos um, de fato, porque assim as pessoas brancas talvez comecem a olhar para o racismo de outra forma, os héteros a encarar a homofobia sob uma nova perspectiva, os homens a olhar para o machismo se entendendo como parte do problema e assim por diante.

Sim, somos todos um, e por isso mesmo é que precisamos de responsabilidade *individual*, consciência e reconhecimento dos nossos privilégios, principalmente nós, homens.

Dica: não ultrapasse seus limites e se posicione diante dessa *brotheragem* tóxica que só nos mantém no ciclo da violência e da hipocrisia.

A MASCULINIDADE TÓXICA É UMA
CONSTRUÇÃO SOCIAL E CULTURAL, BASEADA
NA REPRESSÃO EMOCIONAL QUE A MAIORIA
DOS HOMENS VIVE NA INFÂNCIA.

Na psicologia freudiana existe o conceito da *projeção*, que sugere que, aquilo que eu nego em mim, eu projeto nos outros. Já a física quântica e a espiritualidade falam sobre o macrocosmo ser um reflexo do microcosmo. Nessa mesma linha, existe a dinâmica do espelho: tudo que existe fora de mim é um reflexo do que existe dentro.

Cada uma, à sua maneira, traz a mesma mensagem com palavras diferentes.

A masculinidade tóxica é uma construção social e cultural, baseada na repressão emocional que a maioria dos homens vive na infância. Somos condicionados a reprimir nossas emoções e nosso lado mais sensível, que usualmente chamamos de feminino. Por reprimirmos essa polaridade feminina, projetamos desprezo pelas mulheres e até por homens gays, pois, pelo senso comum, não os reconhecemos como homens. E aí reside a raiz da misoginia e da homofobia.

Só que os homens também pagam uma conta alta por isso, que está na dificuldade de expressar suas vulnerabilidades e emoções, porque aprendemos que isso não é "coisa de homem". E toda essa repressão de sentimentos cria em nós uma armadura, nos impedindo de sentir emoções e sentimentos profundos. Nos tornamos adultos disfuncionais, analfabetos emocionais, infantilizados, dependentes e violentos.

Entre outras coisas, isso explica a dificuldade que os homens têm de expressar afeto e amor. Quem não pode sentir medo, tristeza ou chorar, também não consegue nutrir sentimentos nobres como o amor. Podem existir exceções, mas a regra é essa: *não temos maturidade para amar.* Isso explica também o fato de homens, estatisticamente, usarem mais álcool, drogas, cometerem mais suicídios e serem mais reféns de compulsões sexuais. Estamos buscando aquilo que não conseguimos ter.

Já passou da hora de virar essa chave, de nos tornarmos adultos funcionais comprometidos com uma necessária mudança de paradigmas sobre o que significa ser homem.

Você vem?

ASSUMI UM COMPROMISSO DE ME
TRABALHAR MUITO PELO SONHO QUE
TENHO DE SER PAI.

Na infância aprendemos que tínhamos que ser de um jeito para sermos aceitos pelos nossos pais, atendendo às suas expectativas.

Importante dizer que isso é sistêmico e vem se desconstruindo, de geração a geração.

Recordo-me quando eu pensei que "De mim não passa", que eu romperia esse ciclo. Nesse dia eu me firmei na ideia de que iria me curar inteiro para ser melhor que meus pais, sendo o melhor pai do mundo.

Eu não acredito em perfeição aqui nessa dimensão, não creio que seja possível não errar. Acho até desumano imaginar isso, porém eu assumi um compromisso de me trabalhar muito pelo sonho que tenho de ser pai.

Percebo que, apesar de já ter acumulado muito conhecimento no nível intelectual, meus padrões comportamentais ainda se repetem.

E como tenho expressado, é bom falarmos sobre cura, mas é mais real lembrarmos que é um processo longo. Estamos nos curando, no gerúndio. Leva mais tempo do que gostaríamos, talvez mais tempo do que tenhamos.

Nesses últimos 12 anos comecei um processo de olhar para minhas sombras e, sem falsa modéstia, meu trabalho segue a todo vapor e eu gosto cada vez mais de estar fazendo isso.

A sombra funciona assim: quando eu ignoro uma parte minha, para passar uma imagem tal à sociedade, é só porque no fundo morro de medo do julgamento alheio. Então eu fico preso em padrões repetitivos, como um refém dessa parte que eu tento ignorar. Aquilo que escondemos nos controla.

Quando entramos no caminho da espiritualidade é comum nosso ego querer se empoderar desse rolê. Nesse momento, corremos o risco de cair no que é chamado de *egotrip,* ou ego espiritual. Tipo alguém falar que "não julga mais", se sentir superior ou mais evoluído que os outros, algo comum desse lance *haribô,* infelizmente.

Acender a luz do quarto escuro que nos habita é condição para termos uma vida feliz, relações saudáveis, abundância em todos os sentidos.

Eu farei o possível para romper os ciclos de abuso com meus filhos e o único caminho para isso é o do autoconhecimento, sendo plenamente responsável pelo adulto que me tornei.

SINTO ORGULHO DO QUE ESTOU CONSTRUINDO.

Hoje, quando eu olho para trás, sinto orgulho do que estou construindo.

Comecei a história de trabalhar com homens há dois anos, num retiro de silêncio. Eu não conhecia ninguém que fizesse isso. Não tinha um tostão para investir, e meu instagram tinha uns mil seguidores.

Comecei um grupo só com homens, e foi lindo. De repente, as mulheres entraram. Confesso que desde o princípio sentia que o meu trabalho era para grupos mistos. Quando eu buscava visualizar meus futuros grupos, pensava nos grupos com homens, mas sempre aparecia uma mulher no meio. Isso fazia sentido para mim, porque eu acreditava na potência dos círculos mistos. No entanto, minha mente ficava me dizendo: *os homens não vão se abrir na frente das mulheres, não se abrem nem sozinhos, imagina com mulheres na roda, vai ser impossível.* Trabalhar autoconhecimento com homens é muito desafiador, porque a resistência é soberana.

Entre uma roda e outra, eu ia me jogando nos trabalhos, quase sem ter dinheiro algum. Fiz uber e tudo mais que apareceu. Adoro lembrar disso. Aos poucos as coisas foram acontecendo, e isso foi, na verdade, consequência da minha própria abertura e entrega ao processo de sair do medo para a confiança, que confesso, ainda está em andamento.

Círculos de homens eram coisa nova, mistos então, mais novidade ainda.

Conto isso porque, se fosse analisar racionalmente a minha vida financeira, certamente teria seguido fazendo uber, que eu gostava bem mais do que trabalhar nas corporações. Fazer rodas, logicamente falando, parecia um projeto fadado ao fracasso. Mas eu confiei, e continuo confiando.

Ainda sinto medo, lógico. Hoje de manhã mesmo, bateu forte de novo a questão financeira. Falei sobre isso com algumas pessoas próximas, fui acolhido e recebi *confiança* dessa gente maravilhosa que conhece meu trabalho, me ama e me dá suporte. Pronto, minha vibração voltou a subir.

No fim das contas, sei lá... Estamos aqui para viver nossos sonhos, quero acreditar nisso. Seguir o coração e confiar. Gente realizada e nutrida de afeto não mata, não agride, não humilha, não passa por cima dos outros. Gente assim tem humanidade, perspectiva, brilho nos olhos. Tem, no mínimo, esperança. E vamos combinar: estamos precisando muito disso.

ACABEI DE TER GÊMEOS. SOU PAI.

Ufa!

Chegamos ao final.

Me sinto exausto, mas ao mesmo tempo, renovado. Acredito que dei o melhor de mim nesse livro. Escrevi com meu coração, minha mente e minhas tripas. Li e revisei cada palavra, cada vírgula. E fiz isso em um momento mais que especial da minha vida, porque acabei de ter gêmeos. Sou pai.

Não deu tempo de contar sobre isso aqui, até porque me sinto bem confuso. Já se passaram quatro meses e meio do nascimento do Ravi e da Maria Lua, e nesse tempo eu passei por uma deprê, por desafios imensos dentro da minha mente e com meu corpo. Eu tava cada dia com mais dores por ter que carregá-los, e consegui, há pouco, voltar pra academia. Comecei a cuidar de mim como nunca tive vontade de fazer antes. E tenho me sentido melhor comigo mesmo.

Talvez eu tenha percebido que preciso estar bem, inteiro, para conseguir cuidar deles. Eu sinto que tô no caminho certo. Finalmente, penso que quero viver muito. Não sinto mais vontade de viver pouco, de acabar com tudo. Quero ter muitos e muitos anos com eles, e entendo que preciso ser o exemplo. Uma boa referência para essa próxima geração que eu mesmo tenho a oportunidade de educar, dia a dia.

Quero, agora mais do que nunca, me desconstruir. Ainda me percebo, em alguns momentos (quando eles choram e esperneiam muito) uma *ira* subindo pelas minhas veias. Nessas horas, com todas as minhas forças, eu olho de frente meus padrões de comportamento e me obrigo a não reproduzir nenhum tipo de violência. Preciso entender que o choro é a comunicação deles e a minha incapacidade de compreender o que eles querem me dizer faz eu me sentir *impotente*.

Sei que meu caminho só começou. Me colocar vulnerável é um aprendizado para toda vida. Expandir a sexualidade e a espiritualidade é um empenho diário. Construir uma nova sociedade é um sonho que vejo, a cada instante, se transformando em realidade.

Sim. Você está aqui agora, lendo esse livro, se empenhando junto comigo. Não estamos sozinhos. E já somos muitos e muitas: centenas, milhares, quem sabe milhões. Uma massa de pessoas que busca, a cada dia, se transformar em seres humanos melhores. Por nós, pelos outros, pelos nossos filhos.

Ravi e Maria Lua, meu filho e minha filha; Larissa, mãe dos meus filhos, gratidão por me ajudarem a ser um homem melhor. Eu amo vocês!

Δ